成功哲学を学んでもなぜ成功しないのか？

奇跡を起こす「考え方」

小林英健 Hidetake Kobayashi

現代書林

はじめに――本当に変えるべきは、行動や習慣ではなく「頭の中」

巷には、いわゆる成功哲学があふれています。

習慣を変えれば人生が好転する。

行動を変えれば仕事がうまくいく。

紙に書くだけで願い事が叶う。

……など。

本書を手にとってくださったみなさんですから、こういった本をお読みになったことがあると思います。もちろん、これらの成功哲学には素晴らしい知見やノウハウが詰まっています。

しかし、うわべの行動や習慣を変えただけで、お金持ちになったり、仕事で大成功したりするとは、私には到底思えないのです。

人のモノマネをしただけで、その人と同じような人生が送れるはずはありません。

では、成功者と凡人の違いはなんでしょうか。

努力？　運？　才能？

私は「頭の中」だと考えています。

この頭の中というのは、決して頭の良さのことではありません。

頭の中の違いとは、考え方や物事のとらえ方のことです。ありていにいえば、心（マインド）です。

たとえば商売をするときに、「お金をたくさん儲けたい」「人よりも上に立ちたい」「生活のためにしかたなく働く」といった心が先に立ってしまうと、うまくいきません。いっときはうまくいくこともあるかもしれませんが、継続は難しくなります。それに、一度きりの人生なのに、お金や見栄のために仕事をするなんて、これほどもったいないことはありません。

商売に必要なのは「お客さんに喜ばれたい」「本当によいものを提供したい」という心です。これは仕事そのものの根本であります。そのために何ができるかと考え、行動していくうちに、さまざまなことが自然とうまく回り出すものです。

あなたが実践すべきは、世にはびこる成功哲学ではありません。自分自身の心の声をよく聞いて、他者の幸福を第一に考える。そうすれば、まわりまわって成功があなたのもとにめぐってきます。

能力ではなく、脳力なのです。

私は、大学卒業後にせっかく入った銀行をたった一年で辞めた人間です。以来、自分の生きがいとなる仕事で、一人でも多くの人に喜んでほしいと考えながら生きてきました。

他人の目には、「何を考えているか分からない変わり者」と映ることもあったかもしれません。しかしいつのまにか、周りから成功者として扱われるようになりました。

もともと並外れた能力があったわけではありません。資産や人脈があったわけでもありません。もちろん、最初から成功を目指したわけでもありません。

いまの私が成功者といわれるのは、人とは違う「頭の中」があったからだと思います。頭の中（脳）の働かせ方が人と違ったから、それが行動や結果につながったのではないかと考えています。

成功するために必要なのは、特別な能力でも、生まれつき親から受け継いだ資産でもありません。ちょっとした頭の使い方のコツなのです。まさに、脳力が能力を超えるのです。

本書では、私の仕事観や人生観を、たくさんのエピソードを交えながら、分かりやすくみなさんにお伝えします。

いまの生活を変えたい、もっと充実した人生を送りたいと考えるみなさんにとって、一助となればとてもうれしく思います。

小林英健

＊本書は『平凡だったボクが年収一億円になれた理由』（現代書林）を加筆・再編集したものです。

目次

第5章 組織をパワフルにする

第6章 失敗・ピンチを「停止信号」にしない

第7章　潜在意識があなたを成功に導く

第1章

成功へのメンタリティを持つ

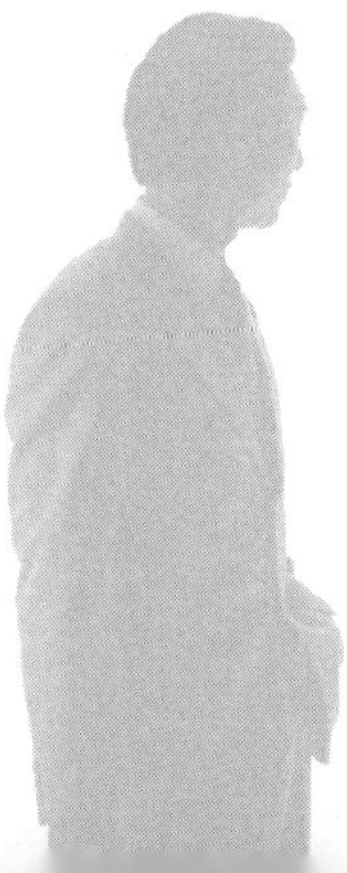

生きがいになる仕事が、人を幸福にする

人生を歩んでいくなら「生きがい」を持っていたほうがはるかに幸せだ
「生きがい」が仕事であるなら、とてつもなく幸福だ

これが私の信念です。

私たちは、いろいろな欲求を持っています。アメリカの心理学者であるアブラハム・マズローは、人間の欲求には五つの段階があると唱えました。

①生理的な欲求：空気、水、食べ物、睡眠などが十分に与えられる
②安全への欲求：生命を脅かされず、恐怖や不安から解放される

マズローの欲求5段階説

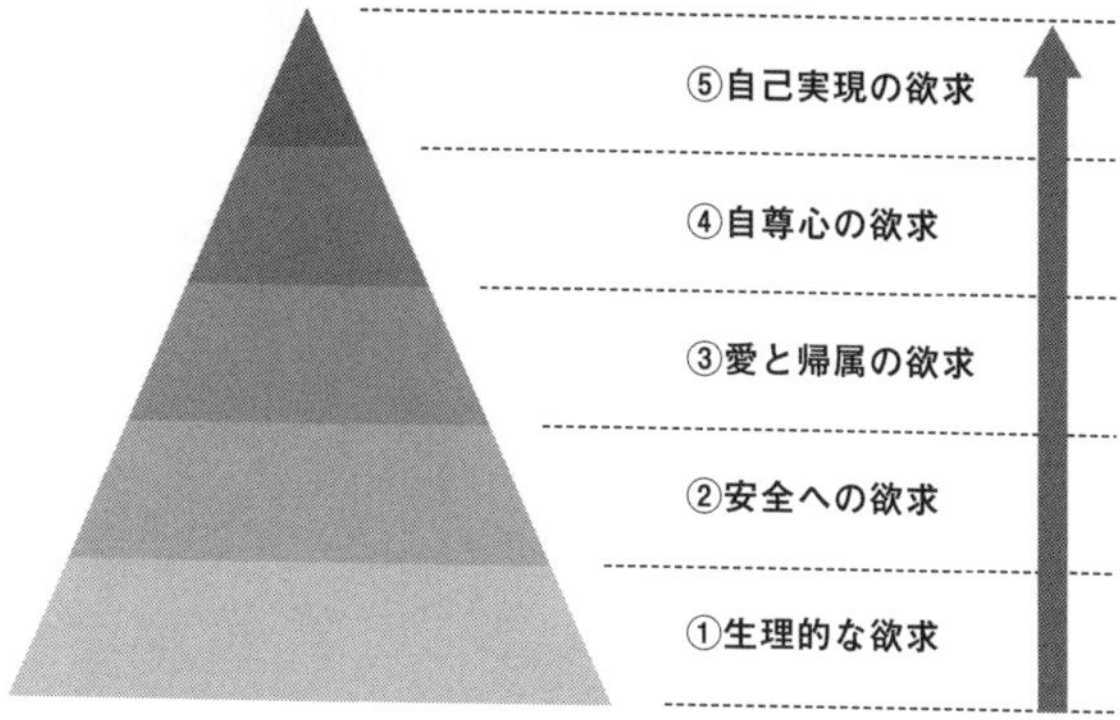

下位の欲求が満たされると、上位の欲求を満足させたくなる

③愛と帰属の欲求：人から愛され、家族や国家などの一員になる

④自尊心の欲求：他人に認められたり、ほめられたりする

⑤自己実現の欲求：やりたいことをやり、自分らしく生きる

マズローは「下位の欲求が満たされると、より高いランクの欲求を満足させたくなる」と言っています。つまり、「自己実現の欲求」こそが人間の最終的な欲求であるとしたのです。

働くことにも、この五つの階層があります。働くことにこの五段階を当てはめてみると、次のようになります。

①生理的な欲求：食べるために働く
②安全への欲求：生活を維持するために働く
③愛と帰属の欲求：家族を幸せにするために働く
④自尊心の欲求：世間や周りの人に認められるために働く
⑤自己実現の欲求：自分らしく生きるために働く

最後の「自分らしく生きる」ということこそ、私の言っている「生きがい」です。
大学時代に受けた講義で、いまだに胸に残っているものがあります。
心理学の「幸福論」の授業で、教授が話してくれた「六つの幸せ」です。

●ひと時の幸福：風呂に入る。疲れていても、温かい風呂に入れば「極楽、極楽」と幸福な気持ちになれる

●一日の幸福：散髪に行く。次の日には寝癖がついてグチャグチャになるけれど、その日一日は幸福でいられる

●一週間の幸福：結婚する。結婚して現実の生活が始まるとすぐに飽きるが、少なくとも一週間は幸福でいられる

●一ヵ月間の幸福：車を買う。毎日ピカピカに磨いたり遠出をしたりして楽しむが、一ヵ月もすると飽きてきて他の車に目が移る。女性であれば、ブランド物のバッグや貴金属を買う。思いきって買っても、また新しいものが欲しくなる

●一年間の幸福：家を建てる。最初はインテリアや庭の手入れに張りきるが、一年を過ぎるころには庭に雑草が生え、部屋も散らかし放題になる

話を進めてきた教授は、最後にこう言いました。

「一生の幸福を得たければ、生きがいを持ちなさい。歌を歌う、絵を描く、ジョギング、テニス……。とにかくなんでもいいから、自分が心から楽しめること、好きなことができることが生きがいです。みなさんは、その生きがいを求めて、これからの人生を送りなさい」

社会人になれば、誰しも仕事をすることになります。

毎日の仕事を生きがいにすればいい
仕事が生きがいなら、仕事をしている間、ずっと幸せでいられる

私はそう考えました。イヤイヤ、仕方なくやる仕事では、たとえ金銭的に恵まれても不幸な人生です。

生きがいというのは、誰かが与えてくれるものではありません。

「毎日が充実している。この仕事をやっていて本当に楽しい。よかった！」

自分の好きな仕事をしながら、本気でこう思えること、そう思っている自分を発見すること――。それこそが生きがいだと私は考えます。

a hint for your success

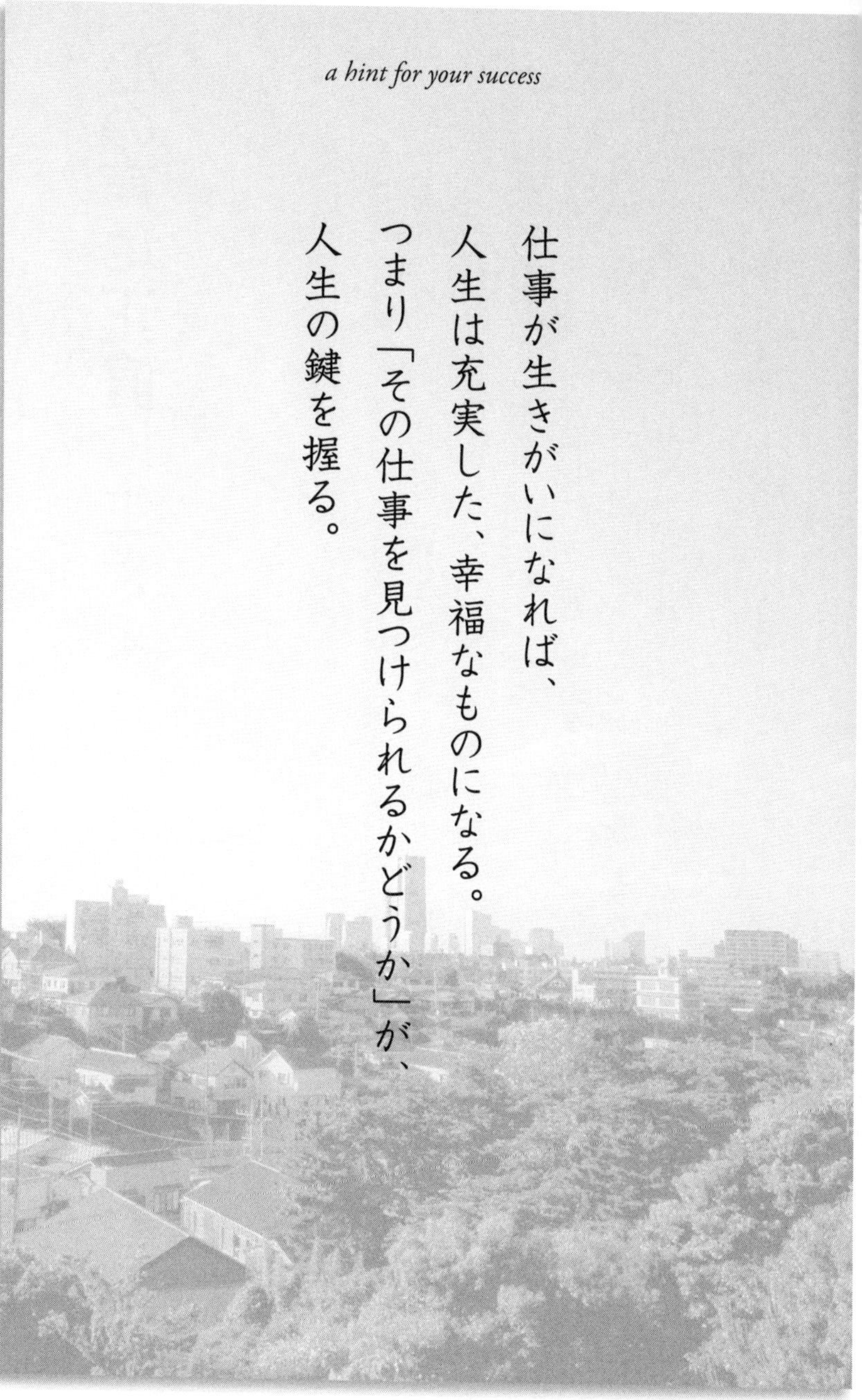

仕事が生きがいになれば、
人生は充実した、幸福なものになる。
つまり「その仕事を見つけられるかどうか」が、
人生の鍵を握る。

心の声に正直に生きよう

私がいまの仕事に出会った経緯を簡単に紹介しましょう。

私が大学を卒業した頃、サラリーマンは企業戦士と呼ばれ、会社に入ったら会社に尽くすのが当たり前でした。昇進のためには休み返上で働き、毎日残業する。それに疑問を感じる人は少なかったのです。

「会社のために生きるなんて、そんな人生はつまらない」

そう考えた私は、公務員になろうと思い立ちました。

父親が大阪市の公務員で、当時9時5時きっかりの勤務で残業なしだったのを間近で見ていたからです。時間に余裕のある公務員なら生きがい探しができるだろう。そんな心づもりでした。

しかし公務員の試験はことごとく不合格。同級生はどんどん就職が決まっていきます。

人生を変えた、オキテ破りの一年間

「就職決まらへん。どうしようかな……」

そう考えながら街を歩いていたら、午後三時にシャッターが閉まる会社を見たのです。私は「あ、これや」と思いました。

それが銀行でした。

三時にシャッターが閉まるのだから、きっと五時か六時には帰れるだろう。そう考えて入行したものの、当然ながら、銀行はそんな甘い世界ではありません。帰りは早くて八時、九時、忙しいと一〇時、一一時と、自分の時間などまったくとれないのです。

そんな生活にうんざりしていた頃のことです。銀行のお客さんで、ある整骨院の先生に出会いました。仲よくなって先生の話を聞くうちに、「自分もこんな仕事がしたい」と直感したのです。

世の中には、ケガや体の痛みで苦しんでいる人がたくさんいる。そういった人たちを助け、感謝される仕事だと感じたのです。

私は、思いきって銀行をやめることにしました。

四月に入社して、私はその年の一一月に結婚もしていました。仲人をお願いしたのは銀行の支店長です。

常識的に考えれば、「仲人を頼んだのだからすぐには辞められない」という状況ですが、翌一二月には「すみません。退職させてください」とお願いしたのです。

一月には専門学校を受験して、三月に銀行を退社しました。

銀行に入って、結婚して、生涯の仕事に出会い、そのための専門学校を受験して、銀行を辞める——。

オキテ破りで波乱万丈、私の人生を変える一年間でもありました。

普通なら「せっかく銀行に入ったのだから、辞めるのはもったいない」と考えるかもしれません。

でも、私の心の声は「私はここに三年もいたらますます辞められなくなる、思い立ったらすぐに行動したほうがいい」と言っていたのです。

極貧状態が開業への原動力だった

翌年には長女が生まれて、妻も働けなくなりました。ですから専門学校に通っていた二年間は、とにかく貧乏でした。

当時は三人家族、月八万円でなんとか暮らしていました。学校の友人にお茶に誘われても、「俺、ちょっと用事あんねん。先帰るわ。ごめんな」と言って断りました。タバコもやめました。

専門学校を卒業してすぐに、私は早速銀行から資金を借りて開業しました。

このときも「まずはどこかの整骨院に勤めて修行する」というのが定石かもしれません。しかし私は家族を養うために、一刻も早く開業したかったのです。

当時の私は、技術はまだまだだったかもしれませんが、患者さんを治したいという思いだけは自分が一番強いという自信がありました。

「なんとかして治してあげたい」「患者さんに喜んでもらいたい」

そういった思いで仕事に励んでいるうちに、「あそこに行ったら親切やで」といった口コミが広がって、あれよあれよというううちに、地域で一番の整骨院になったのです。

患者さんにもっともっと、喜んでほしい。

そういった思いで、技術を磨き、勉強を続けました。休みの日には尊敬する先生のところに三年間通って学び、新しい治療法も取り入れました。

自分の技術を高めたい、すぐれた治療法を世の中に広めたい。

そんな気持ちで仕事をしているうちに、仕事が生きがいになりました。

いまの私には、十分な収入があります。好きなときに旅行にも行けるし、ある程度のぜいたくもできるようになりました。

でも、やっぱり、仕事をしているときがいちばんの幸せなのです。

a hint for your success

会社を辞める、仕事を変える、
住む場所を変える……。
長い人生には、大きな方向転換が必要なこともある。
そのとき「自分の心の声」を聞き、
真正面から向き合えるかどうかによって、
その後の人生は一八〇度違ったものとなる。

燃えがいにチャレンジする

私の場合は整骨院という選択でしたが、別に整骨院だけが成功へのルートではありません。いろいろな仕事があり、どの仕事を選ぶかは個人の選択の自由です。

燃えがいのある仕事にチャレンジする

どんな仕事でも、「その仕事が自分を賭けるに値する仕事かどうか」です。賭ける値のある仕事であれば燃えがいのある仕事になり、生きがいのある人生になります。

前述したように、大学在学中、私が最初に考えた仕事は公務員でした。

「仕事そのものを生きがいにしたい。仕事が生きがいになれば、幸せとお金が手に入る」

しかし、生きがいになりそうな仕事など、そう簡単に見つかるはずはありません。そこで私は、仕事と生きがいを分けて考えることにしました。仕事は仕事としてやり、仕事以外のところで生きがいを見つける生き方を選択したのです。

サラリーマンと違い、公務員であれば残業が少なく、勤務時間が終わったあとの時間は自由に使えます。土・日出勤もまずありません。その自分の時間を、自分の生きがいを感じられるようなことに充てればいいと考えたのです。


大学四年の春から、片っ端から公務員試験を受けました。ただまったく準備がなく、どこも採用にはなりませんでした。そこで注目したのが銀行でした。

銀行は午後三時に窓口を閉め、シャッターも下ろします。

「少し残業があったとしても六時くらいには帰れるだろう」

甘い考えで受けた銀行の入社試験でしたが何とか合格し、銀行員生活のスタートを切ることになりました。

銀行に入ってみると、自分の考えと現実がまったく違うことを思い知らされました。

毎日毎日、お得意様を回って集金し、預金をお願いする日々が続きます。夜は一一時くらいまで残業し、預金を集めるための計画書を作成しなければなりません。下手をすると、一生こんなことをやり続ける可能性もあります。

銀行員を選んだのは、自分の自由な時間を持ち、その自由な時間で生きがいのあることをするためでした。しかし、現実は「時間の奴隷」、お金に使われる奴隷のようなものだったのです。

燃えがいのある仕事をする。その仕事は生きがいになる

これが私の結論です。

「ワーカホリックになれ」と、言っているわけではありません。ワーカホリックは、仕事に使われている人です。仕事を生きがいにできる人間は、仕事を通じて人生を楽しみ、豊かにし、成長していく人間です。

a hint for your success

燃えがいのある仕事、
生きがいのある人生を発見すれば、
半ば以上は成功したと同じ。
残り半分の成功は、
その仕事を始めることで手に入る。

好きなことをやる

「燃えがいのある仕事をしたい、生きがいのある人生にしたい」

誰しもこう思っているはずです。

では、どうすればそうした仕事が発見できるのか？


生きがいを感じたければ、好きなことをやる

いくら生きがいを感じられそうな仕事であっても、好きでなければ長続きしません。生きがいを実感できる仕事を発見する第一の道が、「その仕事が好きかどうか」です。

過去、「いやだ、おもしろくない」と思っている仕事で成功した人はいません。成功した人はみなその仕事が好きで、仕事を楽しめた人間ばかりです。

「残業はなるべくしたくない」

「決められた休憩時間にはきちんと休憩を取りたい」

銀行員時代、私は仕事が苦痛で、いつもストレスを抱えていたものです。

私にとって、銀行の仕事は好きな仕事ではなかったのです。そのまま銀行にいたとして、私は決して幸せにはなれなかったでしょう。


社会的な評価から生きがいにできそうな仕事でも、いくらお金が儲かりそうな仕事でも、自分が「好き」と思える仕事でなければ、その仕事での成功は望めない

好きでやっていることに、苦は感じません。

整骨の専門学校に入学すると同時に、整骨院でしばらく見習いの期間を経験しました。このとき、どんな仕事でも耐えられると思いました。銀行員時代に精神的な辛さを経験していましたから、その辛さを思えば、耐えられると感じたのです。

たとえば、トイレ掃除です。

銀行員時代、トイレ掃除を経験したことはありません。トイレもフロアーも、会社と契約した外部の方が掃除してくれます。

整骨の業界に入ると、トイレ掃除から始まります。整骨院はみな零細企業ですから、全員で手分けして院内を掃除します。新人はトイレ掃除の担当になるのが当たり前です。それでも、楽しい。おもしろくて仕方がない。打ち込める。

好きであれば、どんな仕事でも燃えられる

独立開業してからも、自分でトイレ掃除です。院内はもちろん、院外も掃除します。それでも整骨という仕事が好きでたまらなかったから、楽しくて仕方がありません。

実際に患者さんと接すると、感謝もしてもらえます。自分の好きな仕事をして感謝してもらえるうえ、治療費もいただける。こんな素晴らしいことはありません。

「世の中には好きなことができない人がたくさんいる。私は、映画という自分の好きな仕事ができた。自分に遣り残したことはないし、人生に悔いはない」

テレビに出演したアラン・ドロンの言葉です。七二歳になった彼はそれなりに老けていましたが、「人生に悔いはない」と語る姿には誇りが感じられたものです。

a hint for your success

燃えがいのある仕事は、心をワクワクさせる。
好きなことは、なにごとも苦に思わせない。
好きなことを仕事にすれば、
人生に悔いは残らない。

「利他の精神」で生きていく

成功哲学はいろいろな人が説き、実に多くのヒントが述べられています。実際の成功者の体験談でも、経営コンサルタントの本でも、一つのことが必ず語られます。

人に与えると自分に返ってくる。「人のために」と行動すれば成功する

この言葉は成功哲学の常套句のようなものですが、私は疑問を持ちました。

「人に与えることで、なぜ自分に返ってくるのか?」

「なぜ、人のためにと行動して成功するのか?」

私はこう疑問を覚えたのですが、あなたはどう思われますか?

しかし、実際に整骨院を開業して患者さんと接するようになってから、その意味がよく実感できました。

打ち明け話をすると、学生時代の私はエゴの塊、自分本位の人間でした。「自分さえよければいい。まず自分があって、人はそのあとだろう。自分が得をしないと何にもならない。人の面倒なんか見ていられるか。まず自分だ」

当時の私のなかには、こうした考えがどっしり根を下ろしていたものです。

そうした考えでも、一瞬はよいことがあります。しかし、神様は平等で、一つよいことがあると、次の日はドツボに落とされます。たとえば、お金を一〇〇〇円拾ったとか、抽選に当ったとかすると、次は自転車を盗まれたりとか、一万円入った財布を落としたりとか、時計をなくしたりといったように……。

「自分のため」であればしんどい仕事は苦になり、楽をしたくなる

整骨の業界に入ってからは、「患者さんのために」で仕事をしました。

自分が十分に寝なくても、自分が休憩しなくても、日曜日でも、まったく苦になりませんでした。根底には、「この仕事が好き」という気持ちがあったことは言うまでもありません。好きな仕事であれば、「人のために」とがんばれるものなのです。

「明日、あの患者さんがこられたら、こうして治してあげたい」

この気持ちから、勉強もします。患者さんに役立つ新しい技術も学びにいきます。

私が開業した地域には、半径三〇〇メートル以内に四軒の整骨院がありました。「患者さんのために」を心がけていると、口コミで小林整骨院の名前が広がります。患者さんがどんどん増えて収入も上昇カーブを描き、多くの素晴らしい方とのご縁もできました。

「自分は生かされ出しているなぁ」

患者さんのためにと考え、整骨院の仕事に取り組み始めると、こう実感するようになりました。以後、この気持ちはますます強くなる一方でした。

「人のために」で動けばプラス（成功）に向けて歯車が一つカチッと回り、「自分のために」でいけばマイナス（失敗）に向けて歯車がカチッと一つ動く……。

宇宙論とか宗教論には疎い私ですが、「宇宙の法則」のようなものを感じます。

まず「利他の精神」で生きていると、あとから自分に幸福や成功がついてくるものなのです。

a hint for your success

人生の行動には必ず反作用があり、
自分の行動は必ず自分に返ってくる。
人の足を引っ張るようなことをすれば、
自分もどこかで足を引っ張られ、
人の悪口をいえば、
必ずどこかで自分の悪口を言われる。

自分を愛する

私の経験から、「どうせ人間」は絶対に成功しません。「どうせ人間」とは、「どうせ自分は成功しない」と勝手に決め込み、自分の可能性を信じていない人間です。

どんなビジネスでも、「この人はどうかな」と思うような人間が大きく飛躍することがあります。逆に、「この人は伸びるだろう」と期待していた人が伸び悩み、まったく花開かないままのこともあります。

伸びるかどうかの判断は、印象や外見からの判断です。

外見は陰気そうな人でも、熱い心を持っている人もいます。たぎるような情熱を内に秘めているケースもあります。それを表に出す人もいれば、おくびにも出さない人もいます。

逆に、明朗に見えて、心の暗い人もいます。仕事はテキパキと片付けるものの、特別に仕事が好きではなく、仕事だからやっている人もいます。

印象や外見は外れることもありますが、だいたいは的中します。しかし、最終的な要因は、やはり「その人が自分の可能性を信じているか」になります。

サーカスの象は、なぜあそこまで調教師に従順なのでしょうか？

小象のとき、サーカスに連れてこられた象は頑丈な金属の鎖でつながれます。逃げようと暴れても、絶対に鎖は切れません。金属の鎖が細いものになっても、象は逃げ出そうとしません。成長して紐のようなものでつながれていても、大人しくしたままです。

「いまを変えるだけの可能性がない」と思えば、いまの状態は永遠に続く

「いまを変える可能性がない」と思い込んでしまったサーカスの象は、調教師の意のままに操られます。「どうせ象」になり、環境は一生変わりません。

銀行を辞めて整骨の世界に入ることを決意したとき、自分の家族から猛反対されました。

「せっかく銀行に入ったのに、なぜ辞める！ 辞めるなら勘当する」

公務員の父からはこう言われ、家内の父親からも猛反対されました。

「銀行員になるということで結婚を許した。本当に辞めるなら、娘を連れて帰る」

私は、自分の可能性を信じていました。「整骨院で成功できる自分」を信用していましたが、「勝手を言って申し訳ありません」としか私は言えません。

そのとき、家内は必死に自分の両親を説得してくれたものです。

「銀行は残業ばかり多くて、遅くしか帰ってこられない。整骨院を開業したら、同じ場所で仕事ができて、一緒にいられる時間が長くなるかもしれないから、私は彼に付いていく」

この言葉で、家内の両親は私の退職と転職を認めてくれました。家内は、私を信じてくれました。「自分の可能性を信じる私」を信じてくれた、と言えるかもしれません。

自分の可能性を信じることは、自分を信用すること

可能性は、試してみないと分かりません。自分の可能性を試すことには、恐れがつきまとうかもしれません。そこで、「自分を愛する」ことが大切になります。「自分の可能性を信じる自分」がそこにいれば、周りの人もあなたを信用してくれます。

a hint for your success

成功の扉は、あなたの内にある。
しかも、叩かれる瞬間を待っている。
「叩こう」というあなたの決意がノッカーであり、
あなた以外に扉を叩ける人間はいない。

誰にだってツキはある

「小林先生はツイていたから、うまくいった。運が良かったから、成功できた」

「それに比べて自分は運が悪いから、ツイてないからうまくいかない」

私の周りによくこう漏らす人がいますが、マイナス思考の人間です。

マイナス思考は、言い訳が伴侶です。運やツキは自分にとって格好の言い訳になるうえ、人の成功を偶然の産物にすることで気が楽になります。


私がツイているなら、あなたもツイている。この世に生まれてきたことだけで、十分にツイている

運やツキを話したがる人に、私はこう言います。誰でもツイています。あなたは、ツイているのです。

精子と卵子の結合から、私たちの生命は始まっています。卵子と出会えるのはたった一つの精子だけで、数億分の一という確率の低さです。

奇跡ともいえるめぐり合わせの結果、私たちは「いま現在」に存在しています。この地球上で、自分が「いまの自分」でいられる。それだけでもう、「私たちはもう十分にツイている」としか表現のしようがないのです。

もし卵子とめぐり合う精子が違うものであれば、いま現在のあなたとまったく同じあなたがここに存在していたでしょうか？

ＤＮＡが同じだとしても、いまのあなたとまったく同じあなたが存在した保証はありません。その瞬間に、その精子が卵子と結合したからこそ、今を生きているあなたがあるのです。一瞬のタイミングのズレが、時間軸に影を落とします。その瞬間を逃していれば、そこにいまのあなたはいないのです。

では、生まれながらにツキや運を持ちながら、なぜ思い通りにいかなかったり、トラブルに見舞われたりするのでしょうか？

持って生まれた運やツキを生かしていない

結論は単純です。持ちながら生まれたツキや運が、消えてしまったわけではありません。チャンスはみな平等にあります。そのチャンスを生かしていないのです。チャンスを生かせる人は、自分を信頼しています。自分の可能性を信じています。そうした人がチャンスを生かせ、「次の生活ステージ」にジャンプアップできます。

自分の可能性を信じられない人、自分の可能性に目を向けようとしない人、運やツキでものごとを片付けようとする人……。そうした人は、「過去と同じ生活ステージ」にとどまるしかありません。

誰でも、成功できます。誰でも、成功の可能性を持っています。

自分のなかに、「成功の種子」があることを確信することです。自分の可能性を信じることが、成功の種子を芽吹かせます。

a hint for your success

ツイているか、ツイていないかを
考えることはない。
無理に、「ツイている」と思い込む必要もない。
大事なことは、
「生まれつき、自分がツイている存在である」
と知ること。

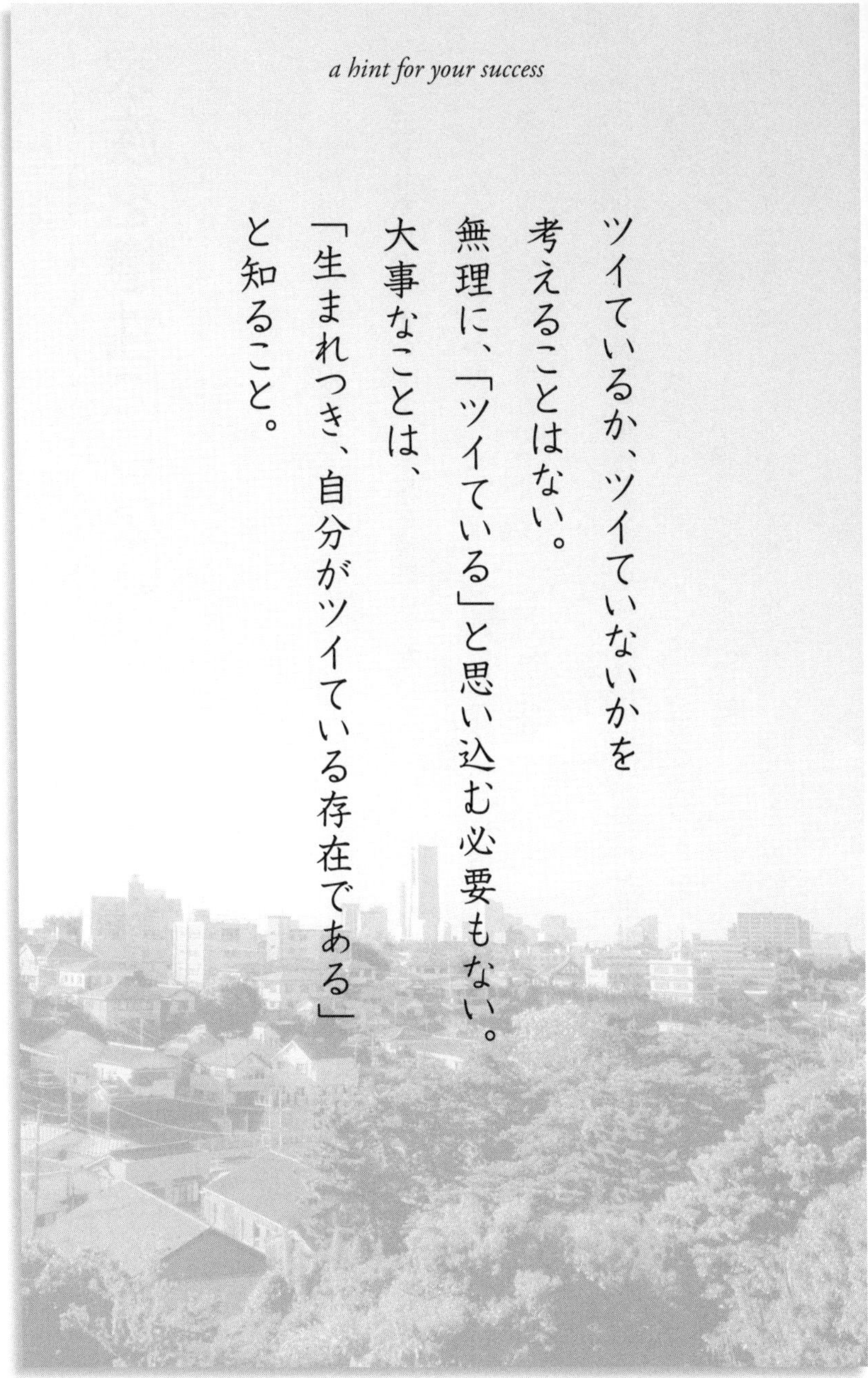

家族を犠牲にしない

この章の最後に、大切な「成功へのメンタリティ」を紹介しましょう。

成功したいからといって、家族を犠牲にしない

何だと思われるかもしれませんが、これは私の実体験に基づく感慨です。自分を振り返ると、このことの重要さがつくづく身にしみて感じられます。

サラリーマンの場合、課長から部長へ、部長から取締役へと出世のピラミッドを上がっていくと、経済的に安定します。そのことで家族が幸せになれるような感覚がありますが、反面、家庭を顧みない傾向が強くなります。

「自分が会社で働いているから、家族は幸せでいられる。家族が犠牲になっても仕方がない」

心の内ひだを覗くと、こんな気持ちが居座っているはずです。

そんな気持ちがあると、いずれ手痛いしっぺ返しを受けます。定年になると、そんな幸せは幸せでなかったことを思い知らされます。突然、熟年離婚を突きつけられるのです。

整骨の業界にも、同じように考える先生はいます。三〇代の先生でも、同年代のサラリーマンより収入は多いはずです。

「オレが家族を食わせている。オレがいるから家族がある」

若い先生は、ついついこうした考えに陥りがちです。そうした先生方を見ていると、昔の自分とオーバーラップします。一〇年前、一五年前の私の姿がそこにあるのです。

当時の私は、整骨院を繁盛させようとがむしゃらに働いていました。当時、「うちは母子家庭です」と家内は言っていましたが、患者さんを増やすことが最大の目標で、家庭を犠牲にしていることを気にもとめませんでした。

会社勤めにしても、事業を興すにしても、サイドビジネスをやるにしても、最終目標は心豊かになること、幸せになることです。経済的に恵まれた生活、何不自由のない生活は幸せの一つの形です。それも、表面的な形にすぎません。

幸せとは、心が豊かでいられること。そのために家族を大事にする

フォーエバーというネットワークビジネスグループとの出会いが、この気づきを与えてくれました。

この気づきが与えられなかったとすれば、死ぬまで、家庭を顧みることはなかったかもしれません。患者さんを増やすことだけを考え、ひたすら猛進したことでしょう。

「自分の人生は何だったのか？　この人生でよかったのか？」

そのままいけば、死ぬ間際にこう後悔したかもしれません。そう思ったとしても、取り返しのつくものではありません。

真の成功は、家庭を犠牲にしないことから始まります。

いまの私は、周りに大勢の人がいてくれます。やりたいこともでき、次の目標もあり、時間も自由になります。生きがいを実感してもいます。そのきっかけこそ家族との時間を大事にし、家族と心の交流をはかり、家庭を普通の家庭にもどすことだったのです。

a hint for your success

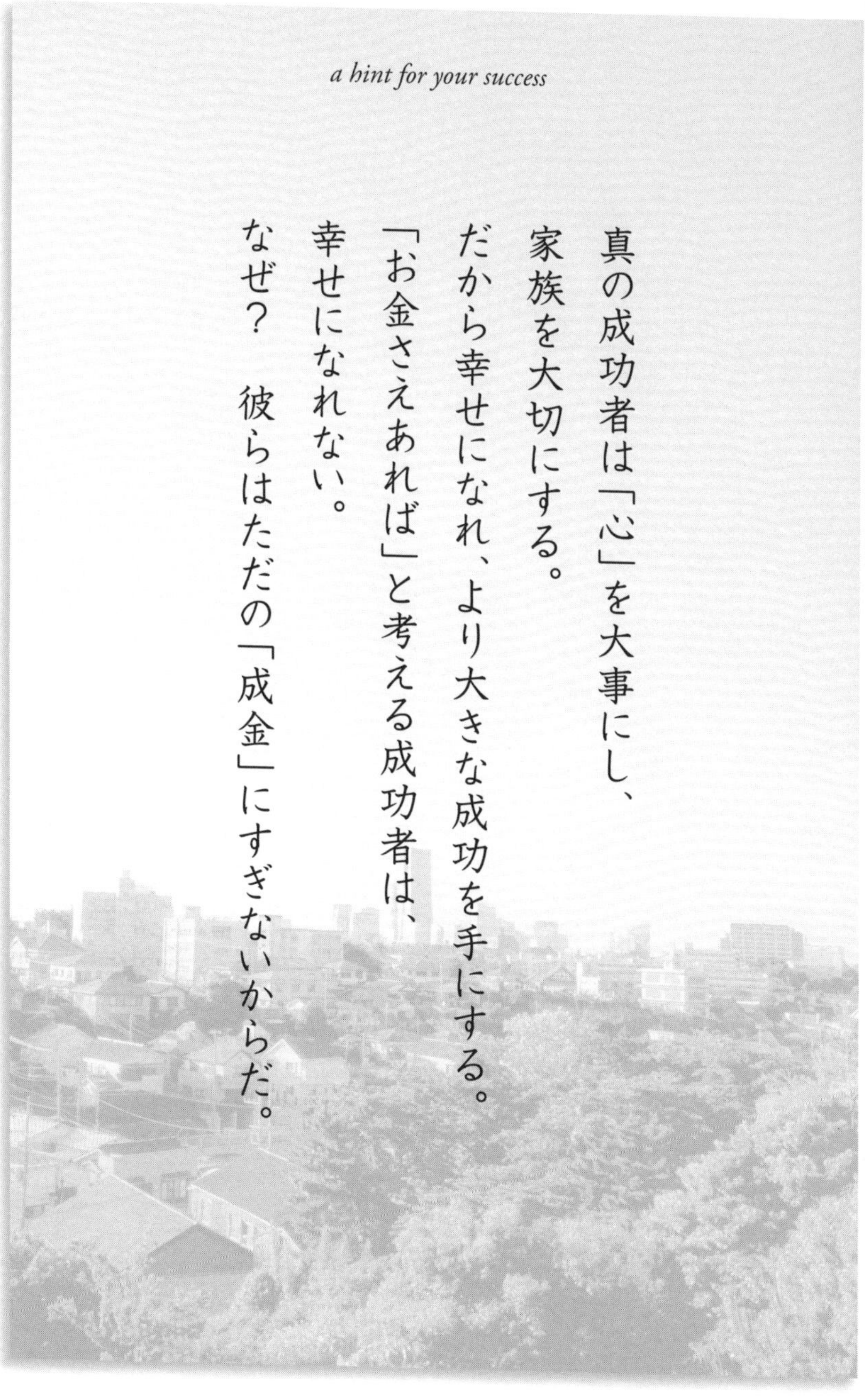

真の成功者は「心」を大事にし、
家族を大切にする。
だから幸せになれ、より大きな成功を手にする。
「お金さえあれば」と考える成功者は、
幸せになれない。
なぜ？　彼らはただの「成金」にすぎないからだ。

第2章

目標設定のコツを知る

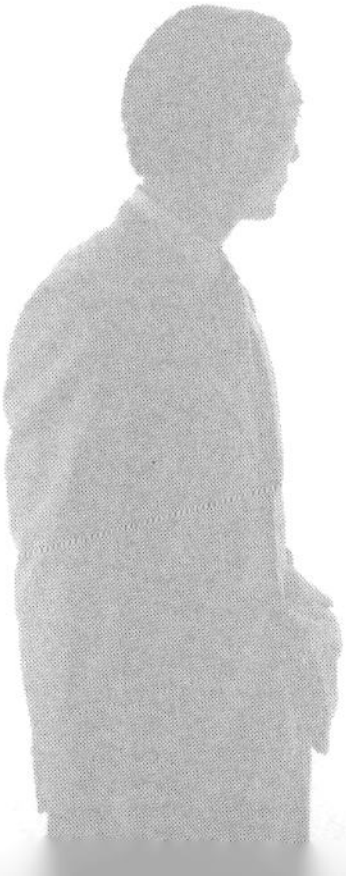

成功に直結する目標を明確に持つ

目標を明確に持つこと……。成功で、このことが非常に大事なことはよく語られます。

「成功の秘訣は、貧乏な家に生まれること」

アンドリュー・カーネギーはこう言いましたが、間違えてはいけません。貧しい境遇に生まれたからといって、その人間が成功できるとはかぎりません。

貧乏な家に生まれて成功する人間は、目標をはっきり自覚した人間です。貧しさとは、成功への意欲を駆り立てる一つの条件付けなのです。

その目標は、成功に直結しているか？

これが私の目標信条です。目標設定で黄金律があるとすれば、これがその黄金律です。

ただ漠然と成功を夢見ても、成功は得られません。目標を設定しても、その目標が成功に直結していなければ成功できないかもしれません。回り道をして、いたずらに時間を浪費する結果を招くことにもなりかねません。だから、「目標直結」が重要なのです。

銀行員を辞めて整骨の業界に身を投じると決意したとき、私には整骨の知識も技術もまったくありません。とにかく整骨の技術を学ぼうと専門学校に入学し、技術を身につけることにしました。

現在の学校は三年制になっていますが、当時は二年制でした。募集人員は六〇人。この学校はかなり難関でした。競争率は一〇倍ほど、六〇人の募集に六〇〇人もの志願者がいたわけです。

学校を卒業した年に、私は整骨院を開業しました。同期卒業生のなかで最初に開業したのが、私でした。

学校の成績は、飛び抜けたものではなく、中くらいの成績でした。なぜ、その私がトップを切って開業できたのでしょうか？

「難関を突破して入学できた。勉強すれば、何とか生活できるようになるだろう」

周りの生徒はみな、入学できたことで安心していました。この学校への入学は生活の保証を得ることにつながり、最大の目標だったからです。

しかし、私は安心しませんでした。入学が成功に直結する目標ではなく、成功への切符を手にするための手段だったからです。

成功に直結する目標——それが開業でした。当時、私にはすでに子供がおり、早く独立開業して収入を上げなければ、家族が食べていけなくなる差し迫った事情があったのです。

学校で勉強しながらも、私の頭から「開業」の二文字が消えたことはありませんでした。その意識付けが、誰よりも早く私の開業を可能にしてくれたのです。

「成功に直結する目標」を明確に持ち、持ったら忘れない

成功へのスタートを早く切ろうと思えば、これが大前提です。

a hint for your success

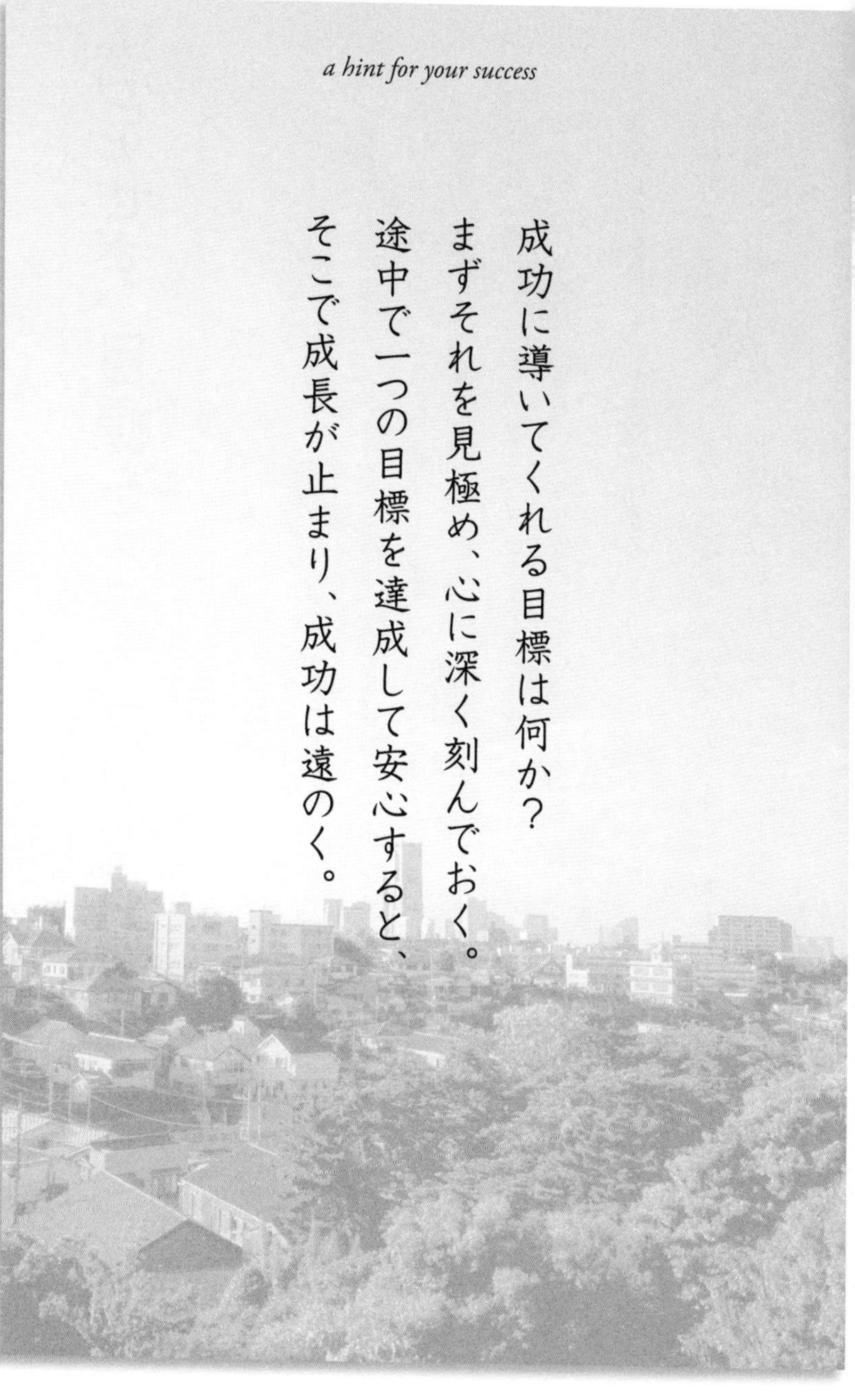

成功に導いてくれる目標は何か？
まずそれを見極め、心に深く刻んでおく。
途中で一つの目標を達成して安心すると、
そこで成長が止まり、成功は遠のく。

満足せず、目標をステップアップする

成功に直結する目標をしっかり持ち、達成期限を切り、実現に向けて真摯に努力し続ける――。この態度とメンタリティこそ、成功を手にする王道です。

独立起業する、あるいは開業するまでに、かなりのエネルギーを消耗します。

整骨の業界では、毎年、何百人もの先生が開業します。そのなかの八〇％の人は開業したことで満足してしまいます。満足するとエネルギーを使わなくなり、努力も怠ります。ビジネスは停滞し、さらに大きな成功が手にできなくなります。

満足したとき、それが停滞の始まり

開業したことでは満足しない二〇％が次の目標を設定し、新しい目標の実現に向けて歩み出します。次のステージに立てるのは、そうした人だけです。

八〇％と二〇％という数字は、私の実感です。ただどのような仕事でも、こうした割合はおそらく変わらないと思います。

開業すると、「一日に五〇人ほど患者さんがくれば……」と思うものです。私は、最初の目標を一〇〇人にしました。一日に一〇〇人の来院があれば、一人前の整骨院だからです。

一〇〇人の来院者を数える整骨院は、一〇〇軒あれば三軒程度でしょう。つまり、三％ということですが、これくらいの規模になると経営が安定します。開業で満足しない二〇％のほとんども、経営の安定するこの三％でまた満足してしまいます。

私は、一〇〇人の次は二〇〇人、二〇〇人の次は三〇〇人と、次々に目標を新たにしました。最後には人数ではなく、「行列のできる整骨院」を目標に掲げました。

満足せず、目標を更新し続ける

いまの私の経営する整骨院は、三八院になっています。そのうちの数院は一日一〇〇人以上の来院患者さんがいます。過去には、二五〇人や四〇〇人を超える整骨院もありました。「行列のできる整骨院」がかなり実現できたのではないかという自負もありました。

私は頭が格別優秀なわけでもなければ、特別な技術を持っていたわけでもありません。開業した人であれば、みなある程度の技術は持っています。

私が違っていたのは、一つの目標を設定し、その目標を達成してもそこで満足しなかったことです。

一つの目標を達成すれば必ず次の目標を設定し、ステップアップを続けたことです。

a hint for your success

もっと楽しく、
もっと幸せに、
もっと高みを――。
不断に歩み続ければ、
いつしか「成功している自分」を発見する。

「目標＋信念」が突破口を開く

「目標はしっかり持っているつもりですが、なかなか成功しません」

こうした相談を受けることもよくあります。私は成功を精神論にしたくはありません。したくはありませんが、精神も否定できない重要な要素です。

「自分の心のなかを覗いてごらんなさい。『できるだろうか？　大丈夫だろうか？』といった不安な思いがありませんか？」

こうした相談を受けるたび、私は、心のなかを覗くようにアドバイスします。

目標を達成するためには、「成功する信念」を持つ

目標を設定したら、「自分は成功する、目標を達成する」という信念を持つことです。

人間の心情は言葉にあらわれます。信念も、言葉にあらわれます。信念があやふやであれば言葉もあやふやになり、目標自体も危うく不安定になっているのです。

第7章で紹介する近畿医療専門学校の設立では、教師の採用が最大の難関でした。最低でも五人の教師が必要でしたが、この学校の教師になるには柔道整復師の免許のほかに、高校以上の教員資格か、専科教員の資格も必要です。両方の資格を満たす先生は数が限られ、教師募集が学校設立の命運を決めるキーでした。

「開校できるかどうか分かりませんが、きてもらえませんか?」

教師募集に乗り出したとき、先行きはまだ不透明でした。予定通りに開校できるかどうかも分かりません。私と契約すると、いま勤めている学校を退職してもらわなければなりません。その不安と迷いが、私に自信のない言葉を選ばせていたのです。

当然といえば当然ですが、OKしてくれる先生などいるはずがありません。同じ業界の先輩に、相談しました。

「小林君、そんな言い方をしていたら、誰もきてくれないよ」

確かに、言われる通りです。以後、私の言葉はまったく違うものになりました。

「柔道整復師の育成学校をつくるんですが、教師としてきていただけませんか?」

そうお願いするとき、私には、最悪の場合でも責任を取る覚悟はできました。この覚悟で交渉するようになってから、話を聞く先生方の態度が大きく変化しました。膝を乗り出して聞いていただけるようになり、優秀な先生方にきていただけることになったのです。

信念は夢という建築物の基礎。信念を言葉にしたものが断言

物事を始めるとき、何か大きなプロジェクトに着手するとき、「成功する信念」を持って当ることが非常に重要です。その信念を言葉にすると、断言になります。断言は磁力を持ちます。断言すれば、信念が成功に導いてくれます。

「できなかったら、どうするの?」

こう質問されても、「成功する信念」があれば、恐れることはありません。その信念の裏返しが、「自分が責任を持つ」と言えるだけの信念だからです。

そう言えるとき初めて、人の心はこちらに向きます。人が集まってもきます。

a hint for your success

迷いのある夢は、
殻のなかでまどろんでいる。
信念を持って「断言」するとき、
夢は殻を破り、現実の衣をまとう。

「できる」と確信するなら、
その目標が現実的であるかぎり、
どんなに困難なことであっても、
人はそれをやり抜く。
それに対し、「できない」と思うなら、
どんなに簡単なことでも
無理難題のように見えてくるから、
人はそれをすることはできない。

（エミール・クエ）

できると思おうと、
できないと思おうと、
どちらも正しい。
（ヘンリー・フォード）

目的と目標を混同しない

成功を願う人は、いろいろと努力します。成功哲学の本を読み、成功へのプログラムを実践したり、成功のセミナーに参加したりします。どこでも目標設定の大切さを教えられ、現実生活のなかで実践しようとします。

どのような目標であれ、最終的なゴール（目的）は人生で幸せになることです。成功を願って設定する目標は、その最終ゴールを実現するための通過点、手段なのです。

目標設定で失敗する典型的なケースは、最終的な目的と目標を混同してしまうことです。

目的と目標の混同から悲劇は始まる

銀座に自分のビルを建てることを目標にした人がいました。ビルを建てるためであれば、他人を蹴落とすことも、友人をだますことも、建築業者を引っかけることもいといません。そうした彼の姿に、家族の心は次第に離れていきます。

策略のかぎりを尽くし、ようやくビルが竣工します。竣工祝いに多くの人が駆けつけましたが、すべてこの人の持つ利権に群がる人間ばかりでした。一人の友人もお祝いに姿を見せず、家族も祝ってくれません。

「ビルは建ったが、何のために、自分はエネルギーを使ってきたのか？　一生かけて、何をしたのだろう？」

その日、彼は竣工したばかりのビルから投身自殺を遂げます。

「銀座にビルを建てれば、自分は幸せになれる」

この人はそう思っていましたが、大いなる勘違いです。その大いなる勘違いの原因こそ、ビル建築という通過点（目標）をゴール（目的）としてしまったことです。

実を言えば、一時、私もこの大いなる勘違いをしていました。

整骨院を開業してから、患者さんが一〇〇人になれば二〇〇人、二〇〇人くれば三〇〇人とつねに目標を高く設定し、がむしゃらにやってきました。

「整骨院が繁盛すれば、自分は幸せになれる。家族も幸せになれる」

患者さんが増えることを喜び、収入増を喜びました。その考えで整骨院が大きくなり、別荘が持て、経済的に豊かになったことも確かですが、家庭を犠牲にしました。

あるグループとの出会いで、この間違いに気づかされました。

家族がいて、友人がいて、温かい人間関係が築かれていて初めて、人間は幸せになれる。たとえ別荘を持とうと、フェラーリやベンツを持とうと、ビルを所有しようと、それだけで幸せにはなれない

成功を願う私の本当の目的は、家族も含め、周囲の人間も含め、幸せになることでした。患者さんの数を増やすことも、整骨院を繁盛させることも幸せになるための目標にすぎませんが、それを目的としてしまっていたのです。

この過ちに気づくまで、私は一〇年以上も費やしました。本書を読まれた方には、無駄な回り道をしていただきたくありません。目的と目標を混同すると、ビルから投身自殺した人のようになることを肝に銘じることです。

a hint for your success

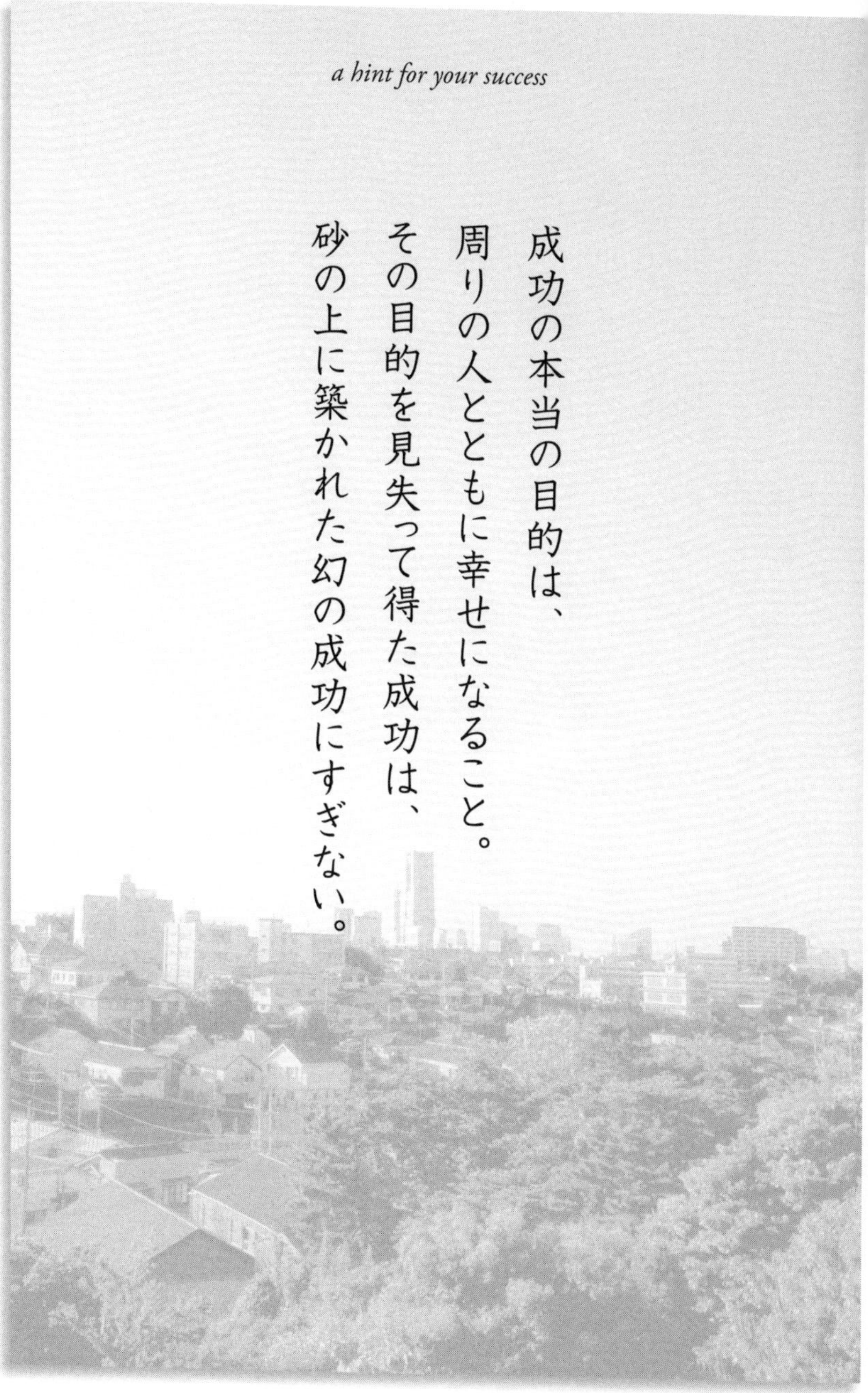

成功の本当の目的は、
周りの人とともに幸せになること。
その目的を見失って得た成功は、
砂の上に築かれた幻の成功にすぎない。

第3章

お金の価値観を変える

お金は「借りてあげる」もの

目標を持ち、事業を始めると、当然、資金が必要になります。

「人生の経験で無駄なことは何一つない」

よくこう言われますが、これは真理です。

私の場合、わずか一年でしたが、銀行勤務の経験が役に立ちました。短い銀行員経験でしたから、高度な金融知識が求められる金融商品などについては勉強する時間がありませんでした。ただし、銀行という組織やお金の流れについては一定の理解を得ることができました。


普通、銀行は預金を獲得することで利益を得ていると考えがちです。しかし、預金をいくら集めても、銀行は利益を生み出すことはできません。

銀行は、集めたお金を企業や個人に融資し、利息を得ることで利益を得ているのです。

銀行にとり、預金者と借りる人のどちらがお得意様だと思いますか？

借りてくれる人や企業がなければ、銀行は利益を得られません。銀行の金庫にお金がダブついていても、銀行は一円の利益も得られません。借りてくれる人こそがお得意様であることがお分かりになるでしょう。

借りてくれる人が、銀行にとってのお得意様

以前、私のところに日参する銀行の営業マンがいました。あまりしつこくくるため、あるとき聞いてみました。

「あなたのところは積み立てして欲しいの？　定期にして欲しいの？　それとも、お金を借りて欲しいの？」

「お金を借りて欲しいのです」

営業マンは、はっきりこう言ったものです。

銀行の収益システムからすれば、銀行はお金を借りてくれる人をもっと大切にしなければ

ばなりません。しかし、現実を見れば、銀行はお金を借りてくれる人をそれほど大事にしているとは思えません。一方の借りる側にしても、自分の立場を知りません。

「すみません、できれば融資していただきたいのですが……」

本来、お得意様であるべき借り手が頭を下げています。借りることで自分は銀行にメリットを与えているのに、その立場を理解していないのです。

借り手は銀行の経営を支えている。堂々と借りればいい

融資の申し込みに臆することはありません。「貸してください」から「借りてあげる」に意識を切り替えることです。そう切り替えるだけで、銀行の敷居がぐんと低くなるはずです。

a hint for your success

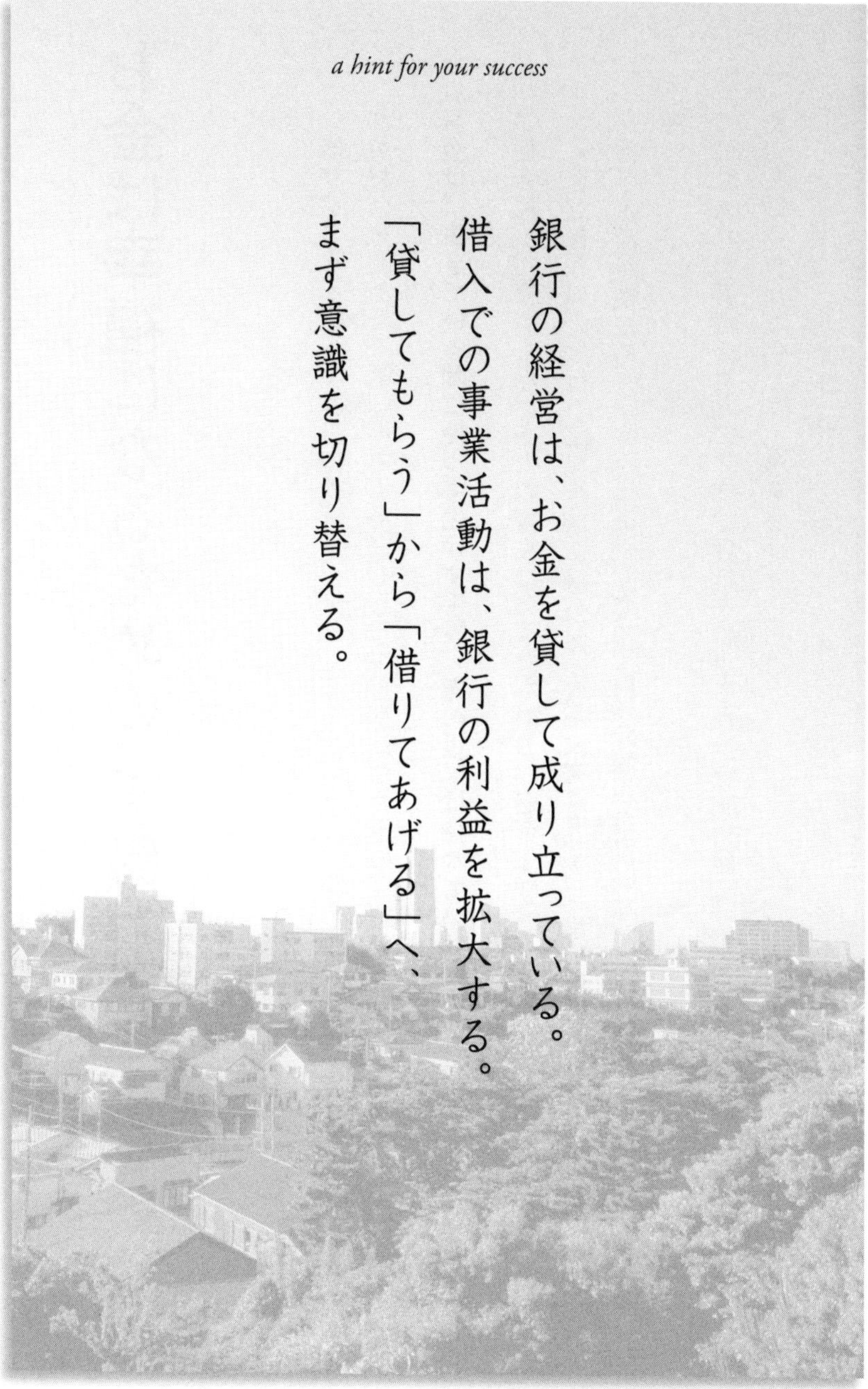

銀行の経営は、お金を貸して成り立っている。
借入での事業活動は、銀行の利益を拡大する。
「貸してもらう」から「借りてあげる」へ、
まず意識を切り替える。

お金は幸福になるための「手段」でしかない

借り手こそ、銀行の本当の得意様。借りる必要があれば、胸を張って堂々と借りる。これがお金を働かせる第一歩ですが、もう一つ、私にはお金の理念があります。

お金は、生きている間に使って生かす手段。あの世には持っていけない

整骨院を開業する際、多少の蓄えはあったものの、資金と呼べるほどの資金はありません。家を担保に、銀行と国民生活金融公庫から資金を借り入れました。その家は、「家があると生活が楽だろう」と、結婚したときに私の両親が買い与えてくれた小さな家でした。

借り入れた資金をもとに、二〇坪ほどの小さな治療院を建て、小林整骨院を開業しました。失敗すれば、何もかも失います。

「これでコケたら、首をくらなあかんな」

こんな切羽詰った思いにも襲われ、神経性胃炎にもなりました。しかし、家をお金という手段に換え、ビジネスに生かしたから現在の成功を手に入れることができたのです。

父親は公務員でしたから、私のビジネスにヒヤヒヤしていたようです。

冷蔵庫やテレビを買い換えるにしても、ボーナスが出てからでないと買い換えようとはしませんでした。買うのはボーナスが出てから、現金で買います。サラリーマンの家庭であれば、ほとんどの家庭で同じ風景だった思います。

私にとってお金は手段ですから、まったく違いました。

流行の大型のプラズマテレビが欲しいとなると、すぐにローンで購入します。車好きですから、「この車に乗りたい」となれば車を買い、乗って楽しみながらローンを返済します。

整骨院の経営でも、拡大のために借金します。

「うちは無借金経営だ。すごいだろう」

整骨院を経営している私の友人に、こんな自慢をする人間もいます。

彼は私と同時期に開業し、同じくらいの患者さんがきていました。現在、私には資産として自宅とゲストハウスと芦屋の別荘、クルーザー、三軒の自社ビルなどがあります。その友人はローンの終わった自宅が一軒ありますが、唯一の整骨院もテナントです。

借金は、事業にまく水や肥料のようなもの

うまく水をまいて肥料をやれば、事業は大きく育ち、大輪の花を咲かせます。たわわな実りももたらしてくれるでしょう。

「そうはいっても、成功したいが、手元に資金がない。借金が怖い」

こう思うのであれば、借金はしないほうが無難でしょう。その代わり、大輪の花や果実＝成功も望まないことです。

借金して事業を大きくし、資産をつくるのがいいのか……。無借金経営で事業が育たず、資産形成ができなくてもいいのか……。

選択は自由ですが、確実な結論が一つあります。借金を怖がれば、事業を大きく展開して資産をつくることはまず不可能ということです。

a hint for your success

借金を怖がる人は、
「借金する自分」にリスクを感じる。
借金を恐れない人は、
「投資できなくなる自分」にリスクを感じる。

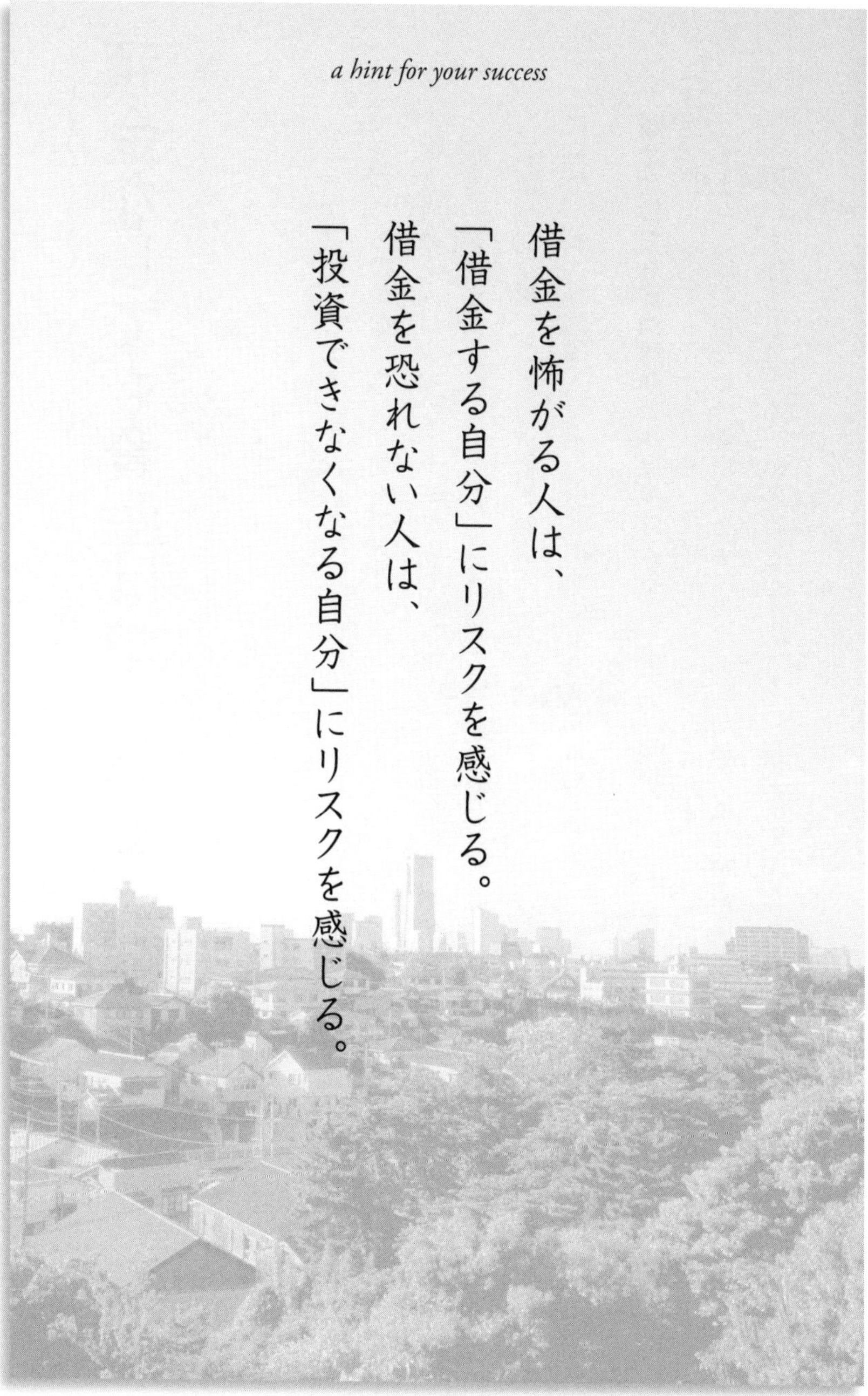

頭金なしでも資産はつくれる

「お金がないから何もできない」

「先立つものがなければ、何もできない」

こう考える人は少なくありませんし、一種の固定観念にすらなっています。

海運王アリストテレス・オナシスの元手は、父親から借りた三五〇ドルでした。さらに、頭金なしで、数隻の貨物船の購入にも成功しています。署名済みの輸送契約書を銀行に見せ、銀行から購入資金を引き出すことに成功したのです。

頭金なしでも貨物船やビルは手に入る

オナシスは頭金なしで貨物船を手に入れましたが、私は頭金なしでビルを買いました。

私がいま保有している三軒の自社ビルのうち、最初に買ったビルは近鉄・布施駅前の一〇階建てのビルでした。そのビルを、頭金なしの二億五〇〇〇万円の借金で手に入れたのです。

購入した東大阪市のビルは、バブル崩壊のあおりを受けてオーナーだった日本の某生命保険会社が倒産し、アメリカの投資会社が不良債権として買い取っていました。

最初は四億円で売りに出されていましたが、バブル崩壊後のデフレ経済下で、四億円では買い手が付きません。売値を下げて買い手を探しているとき、二億五〇〇〇万円の物件として私に情報がきたのです。

当時の私に、二億五〇〇〇万円の資金はありません。頭金すらありませんでした。

と言うのは、このビルを買う二年ほど前、土地を買い、新しい整骨院を立ち上げていたからです。一年も経たないうちに、自宅を購入していました。新しい整骨院も自宅も、手持ちの金を集めて頭金にし、残金は借金しました。

ビルが欲しくなったのは、自宅を買った翌年です。しかし、いまのような事情から、手元に余裕資金はおろか、頭金すらありませんでした。

ビルを買うには、購入費用の二億五〇〇〇万円を借金するしかありません。私は、頭金なしで全額融資に成功し、そのビルを手に入れることができました。

なぜ、頭金なしで二億五〇〇〇万円の融資がＯＫになったのでしょうか？

金融機関が融資をする際に担保価値を見ますが、当時、このビルには四億円程度の価値がありました。金融機関は時価の七掛けぐらいで担保評価をしますから、担保評価は二億八〇〇〇万円になります。担保評価額のほうが、私の申し込んだ融資額より上回っています。銀行として、こんなおいしい話はありません。

万一のことがあっても自分が損しなければ、銀行は融資する

仮に債務不履行になったとしても、銀行は四億円の価値がある物件を手に入れられます。その間、私から元金と利子の返済を受けるわけですから、リスクはより小さくなります。

頭金なしで二億五〇〇〇万円の融資がＯＫになった背景に、こうした計算があったのです。私だけでなく、条件を考えれば、あなたにも同じような手法が使えるはずです。

a hint for your success

お金がないことは、成功の障害にはならない。
お金がないからできない――。
そう考えることが障害になり、
成功の行く手を阻む。

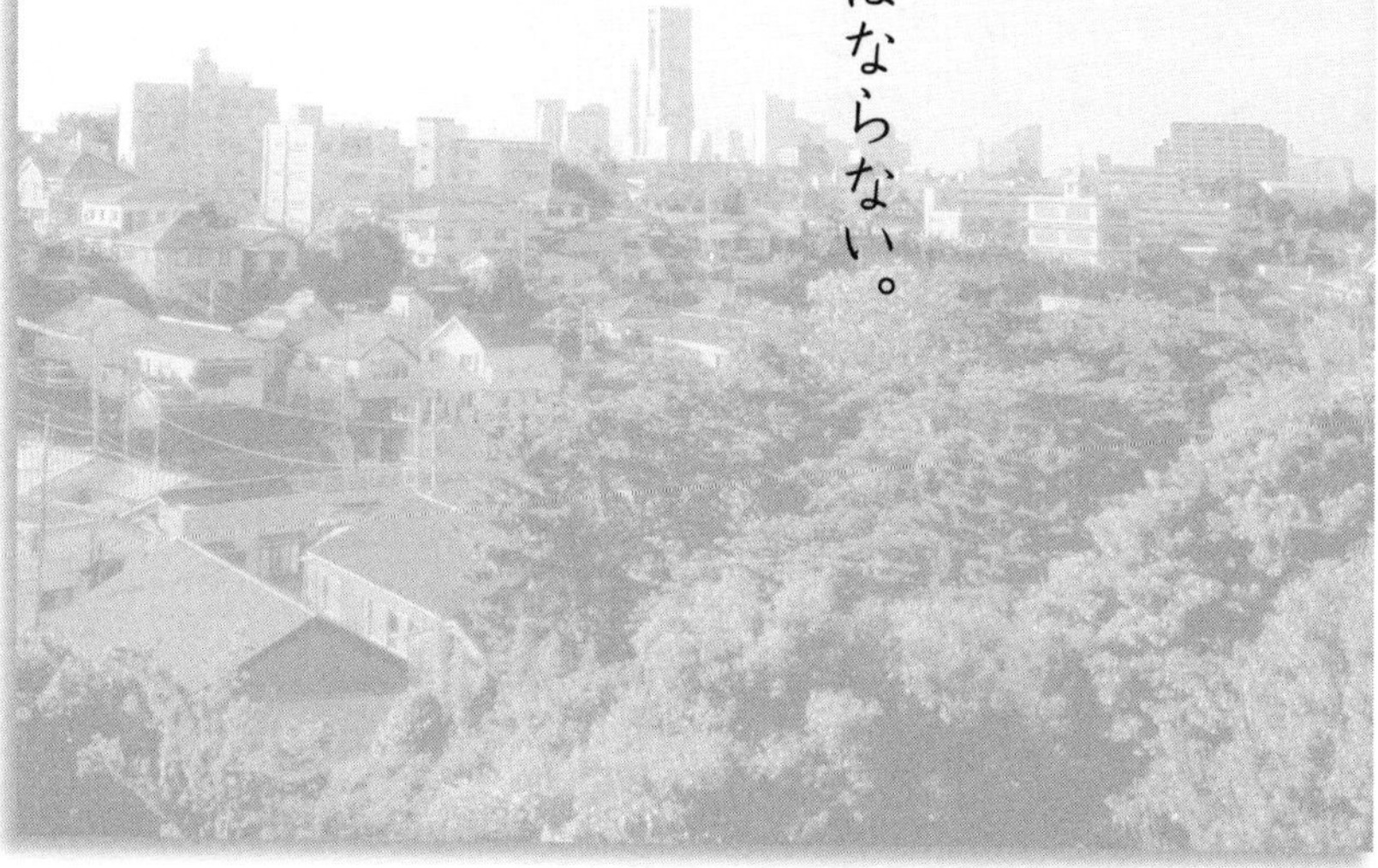

「夢のチケット」を売る

頭金なしにビルが買えたように、手元に資金がないからといって、何もできないわけではありません。自分の夢を確信していれば、方法はいくらもあります。

自分の夢を担保に、「夢のチケット」を売る

この方法も、ゼロから資金をつくる一つの方法です。あとで気がついたことですが、実は、この方法は株式が始まったときの手法でもあったのです。

株式の起源は、一七世紀に成立した東インド会社と言われています。アジアでの絹や香料の買い付けをおこなうため、東インド会社は出資者を募集しました。そのとき、出資金と引き換えに出資者に発行された証明書が、世界初の株式とされているのです。

アジアから香料や絹を持ち帰れば、巨額の富になります。この証明書は「夢のチケット」です。証明書を持っていれば、出資金に応じてその富の一部が分配されるからです。

第7章で紹介する近畿医療専門学校の開校が決まったときのこと。開校後学生が集まらないからとすぐに閉鎖では問題です。そこで、大阪府庁の関係部署から、「最低で一億円くらいの運転資金は用意してください」という申し入れがありました。

この学校の設立にはすでに校舎に二億円、土地に四億円程度を投入していました。すべて銀行からの融資でまかなったため、これ以上の銀行融資は望めそうにありません。

その窮地をしのぐために考えたことが、自分の夢を担保に「夢のチケット」を買ってもらうことでした。ただ、お金の配当はまだできませんから、ポストを配当しました。

「今度、柔道整復師を育てる学校を開設する。校舎と土地の手当てはついたが、運転資金を確保したい。理事になってもらうかわりに三〇〇〇万円出資してくれないか」

在阪の友人に出資を依頼すると、すぐに三人がこの夢のチケットを買ってくれました。

私も、運転資金に三〇〇〇万円を出資します。これで、一億二〇〇〇万円は確保できました。

もう少し余裕を持たせるため、次に、評議員ポストでの資金集めを考えました。評議員の出資金は三〇〇万円、これも大阪在住の友人に声をかけました。この夢のチケットでは七人がOKしてくれ、二一〇〇万円が上乗せされました。

三〇〇〇万円出資できる人もいれば、三〇〇万円なら出せる人もいます。「一〇〇万円なら」「一〇万円なら」と言う人もいます。仮に、一〇〇〇万円の資金が必要であれば、一〇〇万円の出資者を一〇人集めるか、一〇万円の人を一〇〇人集めればいいのです。

夢の実現にどこまで賭けているか。そこですべては決まる

あなたが夢をしっかり描き、語り、ありったけの情熱をそこに注ぎ込もうとしていることが理解されれば、相手はこう言ってくれるでしょう。

「おもしろい、あなたの夢に投資しよう」

「私も、あなたの夢のチケットを一枚買わせてもらいます」

a hint for your success

心が動いたとき、人は動く。
夢のチケット——それは語られる夢と情熱だ。
夢と情熱が心を揺さぶるとき、夢のチケットは、
人が欲しがるプラチナチケットになる。

権利収入の道を付ける

私が布施駅前のビルを購入した動機は、家賃という権利収入を得ることでした。権利収入に私が憧れた理由は、整骨院の仕事が肉体労働だからです。自分がケガをしたり病気になれば、突然、働けなくなります。

先月まで一〇〇万円の月収があったとしても、翌月は収入ゼロという事態も起こりえます。そうなると家族を守れません。食べさせていくことも難しくなります。そうしたリスクから家族を守るため、権利収入に目を付けたわけです。

リスクに対応する策として、何らかの権利収入を考えておく

銀行から二億五〇〇〇万円の融資を受け、私は、そのビルのオーナーになりました。返済についても相談し、二五年の長期ローンを組んでもらいましたが、それでも毎月の返済額は一一〇万円を下りません。

一〇階建てでありながら、当時のテナントは証券会社と学生援護会だけでした。合計で二フロアー分の家賃でしたが、それが月額一〇〇万円ほど。結局私の負担は、ローン返済の一一〇万円から家賃の一〇〇万円を引いた一〇万円だけになりました。

「まあ、毎月一〇万円ずつ負担していれば、二五年後に、このビルは私のものになる」

そんな計算でいたのですが、その計算はうれしい誤算になりました。

このビルのエントランス前に、ビル所有の駐車場がありました。その駐車場は半ばゴミ捨て場のようになっていたため、少しお金をかけてリニューアルしました。

駐車場が生まれ変わると、ビル全体の雰囲気がガラリと変わります。

駅前でもあり、もともと立地は最高です。入居希望者が続々とあらわれ、あっという間に家賃収入が二五〇万円にまで伸びます。この段階で、ローンを返済しても、私の手元には毎月一四〇万円が残ることになったのです。

独立開業したとして、経営が順調でも、あなたの身体に異変が起こらないとは断言できません。あなたが一家の大黒柱であれば、家族は大変な事態に陥りかねません。

会社のなかで成功を目指すにしても、会社の将来は誰も予測できません。昨日までの優良会社が突然、赤字会社に転落することもあります。外国資本のM&Aに遭って会社が切り売りされたり、リストラされたりすることがないとはいえません。

権利収入の道。それは万一のときの強力な援軍

家賃収入のあるビルの保有を考えるだけが、権利収入の道ではありません。未活用の土地スペースがあれば、駐車場もできます。土地を持っていれば、土地を担保に銀行からの融資でアパートを建築することも一考です。借地でも、地主と交渉して等価交換で土地を手に入れ、そこにアパートを建築することもできます。

ネットワークビジネスも、権利収入を得る一つの方法です。自分のラインにダウンをつくれば、ダウンの売上が権利報酬となって入ってきます。

非常事態に周到な準備をして、失敗することはありません。権利収入が得られれば生活基盤が安定しますし、何よりも精神的なゆとりが違います。

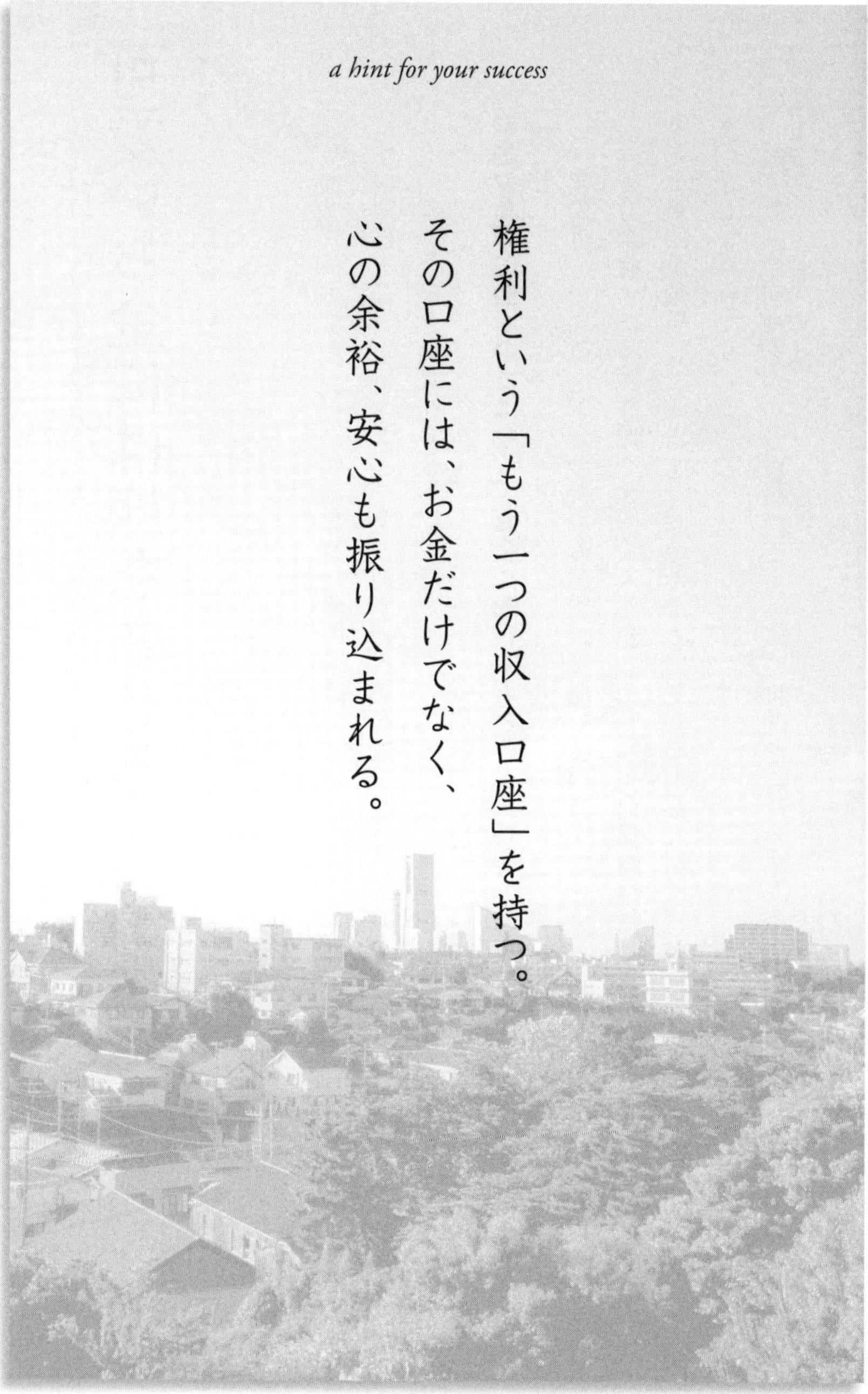

a hint for your success

権利という「もう一つの収入口座」を持つ。
その口座には、お金だけでなく、
心の余裕、安心も振り込まれる。

可愛いお金には旅をさせる

お金は成功するため、幸せになるための手段です。

手段とは、道具ということです。何かの目的を成し遂げるために使わなければ、どれほど多くの手段を手に入れても無意味です。


お金のために働くのではなく、お金に働いてもらう

いまの世の中には、お金のための犯罪が多発しています。

高齢者を狙った特殊詐欺や強盗殺人を犯したり、生命保険金欲しさに家族を手にかけたりする事件が頻発しています。お金のために犯罪に走る人間は、お金のために働く人間以下の悲しい存在です。

「金は天下の回りもの」と言われるように、世間をめぐってお金は初めて生きます。お金にめぐり合うためにはお金を追いかけず、お金に旅をさせることです。

追いかければ追いかけるほど、お金は逃げる。自分の好きなこと、人に喜んでもらえることをやっていれば、お金は自然とついてくる

お金に旅をさせない人に、お金の流れはつくれません。お金の流れがつくれなければ、そこから何かが生まれることもなければ、それ以上のプラスαも得られません。

川は、流れているから清い流れを保ちます。流れが止まった川はよどみ、よどみにゴミがたまり、やがて死の川になります。

お金も同じです。溜め込むばかりで回さないとそこによどみが生まれ、やがて腐ります。溜め込んで腐ったお金、それを「死に金」と言います。

ある本で、面白い話に出会いました。その家の主人は自宅に井戸を掘ったのですが、井戸掘りの業者からこんな説明を聞きます。

「水をどんどん汲んでください。汲めば汲むほど地下水脈が育ちます。使わないと、他へ流れていってしまいます。井戸は生き物ですから……」

家の主人の名はマーク・フィッシャー、大ベストセラー『成功の掟』の著者です。

いまの話の「水」を、お金に置き換えて考えてみてください。

お金を使ってお金に旅をさせると、お金の水脈が育ちます。お金の水脈が育てば、そこから得られるお金も大きくなります。

「いまこのお金を使うと、少し厳しいな」

正直に言えば、私にもそう思ってしまう状況はありました。悩むこともありましたが、悩んだときは使うことにしました。経験則から、次のことが分かっていたからです。

お金を使えば、それ以上のものが返ってくる

使えばそれ以上のものが返ってくるとはいえ、無駄に使っては返ってくるものも返ってきません。「あくまで自分の目標に沿って使う」が基本です。

a hint for your success

お金はブーメランのようなものだ。
正しく投げれば獲物を取り、手元に返ってくる。
投げなければ獲物を取ることもないし、
投げ方を間違えれば自分を傷つける。

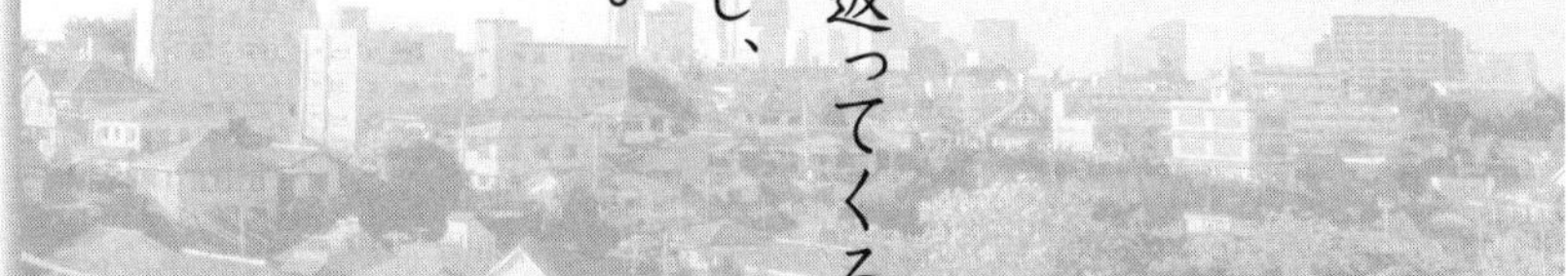

おいしい話には手を出さない

お金の価値観を変えること、手段として生かすことが成功を引き寄せますが、従来の価値観にも守るべきものがあります。それは、おいしい話にはうかつには乗らないことです。

成功のレールに乗り始めると、いろいろと儲け話が持ち込まれるようになります。

整骨院の経営が順調に運び出したとき、友人から儲け話が持ち込まれました。

「自分の〇〇証券の友人が、株式売買をうまくやってくれている。儲かるから乗らないか」

証券会社の人間が株式売買をうまくやっているといえば、インサイダー取引と相場は決まっています。いまならこんな取引は即座に断りますが、当時、株式投資にまったくの素人だった私は友人の話に乗ってしまいました。

最初の出資額は一〇〇万円。一ヵ月後に、一〇万円の利息がついて一一〇万円が返ってきます。すぐに次の話がきて二〇〇万円出資すると、また一ヵ月後に、元利合計で二二〇万円が返ってきました。

最初は半信半疑でしたが、二回ともきちんと利息がついて返ってくると、こちらも信用します。一〇〇〇万円、二〇〇〇万と出資額が増えます。そのつど銀行に分散して預けてあったお金をかき集めて工面すると、いつも元利合計でお金がもどってきます。

出資額が五〇〇〇万円になったときです。これまでの儲けと苦労して調達した五〇〇〇万円を渡したところ、一円の利息もつかないどころか、元金が返ってきませんでした。


目先の利益に目が曇ると、高い授業料を払うことになる

昔から、おいしい話につられて高い授業料を払った人は数知れません。世の中に、楽して儲かるおいしい話などまずないと心得ることです。

恥ずかしながら、おいしい話への投資での失敗がもう一つあります。

最初の二〇坪ほどの整骨院が手狭になったため、五〇坪ほどの分院をつくったときです。最初の整骨院のほうは一階を駐車場に、二階は空いたままにしてありました。

「二階で塾を経営しませんか？　フランチャイズ料の五〇〇万円を出資していただけば、生徒募集から先生の手配まで全部当方でやります。先生は管理をしていただくだけです」

ひっきりなしに、塾経営の誘いの電話がかかってきます。生活の安定のために、整骨院以外の事業や権利収入を考えていた私は、その条件であればと五〇〇万円を出資しました。

フタを開けてみると生徒は集まらず、先生の給料を払うと赤字になります。そのうちその会社が倒産し、フランチャイズ料はもどってきませんでした。丸々の赤字でした。

ただ儲かるからと、自分の範疇外のビジネスに手を出すと失敗する

健康や整骨院に関して私はスペシャリストですが、塾の経営などまったくの門外漢です。自分の好きなこと、自分の興味のある分野であれば、勉強する気にもなります。ノウハウも蓄積されます。だから、うまくいきます。

業者の話に飛びつかず、自分の範疇外のビジネスには手を出さないことが賢明です。

a hint for your success

プロフェッショナルはその世界の怖さを知り、
自分のテリトリーを逸脱しない。
だから、プロでいられる。
アマチュアはその世界の怖さを知らず、
無謀な冒険を試みる。
だから、いつまでもアマチュアにとどまる。

第4章
心をつかむ、動かす

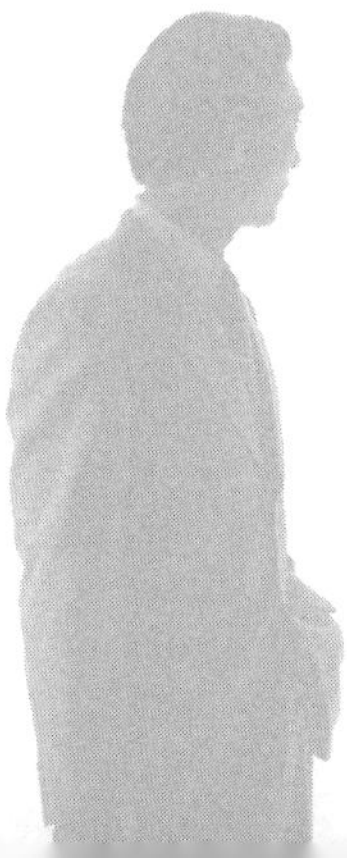

人を変えたければ、自分を変える

「患者さんに満足して欲しい、喜んでいただきたい」

これが、整骨院を開業してからの私の願いでした。反面、この気持ちは従業員にまったく違う方向に作用するようになりました。どうしてもスタッフに厳しく接するようになっていったのです。

挨拶一つとっても、「なぜもっと心からの挨拶ができないのか?」と思います。患者さんが脱いだ靴がそのままになっているのを見れば、「靴をそろえてあげなさい」とつい言いたくなりますし、「お帰りになるときは見送ってあげなさい」と注意します。

厳しく接するといっても、私の気持ちは「スタッフにも自分のような気持ちで患者さんと接して欲しい。そうできる人間になって欲しい」という願いからでした。

人間関係は難しいものです。私の厳しさからか、スタッフが長続きしません。私の真意とスタッフの心の間に溝ができてしまったのです。

自分の気持ちを押し付けても、人は変わらない

伸びるだろうと思っていた人間さえ、期待に反して辞めていきます。

「なぜ、みんな辞めていくのだろう？　自分のやり方がまずいのか？　厳しすぎるのか？」

それまであまり悩んだことのない私でしたが、このときは少し考え込みました。

そんな折、ひとつのビジネスグループに出会いました。

そのビジネスグループでは、いつも人間関係を高める勉強、人間力をつける勉強ばかりをしていました。ミーティングに出席すると、いつもいい気持ちになります。

「そうするよりこうしたほうがいいよ」

「あなたのような考え方もあるけど、こういう考え方もあるよ」

その気持ちよさは、相手を尊重するグループのリーダーの接し方にありました。私は、ハッと気づきました。

「自分もそう接してあげたら、スタッフも喜ぶだろうな。よし、自分とスタッフの関係を

そういう関係にしよう」

スタッフが変わったのは、私がそう決心してからのことでした。

相手を尊重しないと、その人は思うように動いてくれない

整骨院のスタッフは柔道整復師の勉強をした人間で、武道的な感覚があります。そこには師弟関係があります。院長の言うことは黒でも白になるような世界なのです。

私にもこの感覚があり、スタッフである一面、弟子なのでした。注意するにしても、知らず知らずに「師匠と弟子の感覚」で命令していたのです。

「もっと患者さんに喜ばれるようにしろ！　こんなこともできないなら辞めてしまえ！」

辞めろというのは本心ではありませんが、師弟関係の意識から、そういう言葉使いになります。これでは、誰もついてこなくなっても仕方ありません。

人を変えたければまず自分を変えることです。自分の言うことを聞いてくれなければ、叱る前に、自分の言動をチェックすることです。

a hint for your success

過去と人は変えられないが、
未来と自分は変えられる。
自分が変われば未来が変わり、
未来が変われば人も変わる。

相手に求めず、自分から動く

人を変えたければ、自分が変わる……。

では、自分が変わることで人が変わることを求めたとすればどうでしょう？

「自分が変わったのだから、あなたも変わってください」

そうした条件のついた気持ちは簡単に見透かされます。自分が変わることは手段ではありません。より大きな成功のために、絶対不可欠の要素なのです。

相手が変わることを求めない

小手先ではなく、変わった自分をみんなに信用してもらう。そのために、相手に変わることを求めず、相手の立場を考え、相手の気持ちを尊重し続けることにしました。

当時の整骨院は、下町付き合いというか、患者さんが夕飯のおかずを差し入れてくれるような付き合いがありました。私が留守の間の整骨院の様子を、逐一私に報告してくれていました。

「昨日、先生が留守のとき、患者さんがいないからってA君がキャッチボールをしていた」

A君は、私の前ではいつも直立不動で、まじめな従業員でした。

それまでは、私が留守にすると、「鬼の居ぬ間の洗濯」状態だったわけです。

「院長、今日は留守だ。楽だ」

「院長がいないから、少しサボろう」

スタッフは、私の留守をいいことにサボっていても分からないと思っていたのです。

「自分の考えや気持ちを押し付けず、相手の気持ちを尊重しよう」

自分が変わると決意する前、「三九度の熱なんか熱のうちに入らない」とか「風邪なんか病気のうちに入らない。風邪くらいで休ませないぞ」と、私は言っていました。また、それが暗黙の了解で、熱があっても、風邪でもみな働いていたものです。

なぜそれが暗黙の了解だったかと言えば、人手が足りなかったからです。一人休むと他の人にそのしわ寄せがいくため、一人でも休まれると大変なことになってしまったのです。

その私がガラリと変わりました。

「どうした？　顔色が悪いけど、体調悪いのか？　大丈夫か？」

「熱がありそうだよ。熱を測ってみなさい、三九度もある。もう帰りなさい」

スタッフに対し、私はこう接するようになりました。私の変わりようにスタッフも面食らっていたようですが、その姿勢を貫き通しました。

見返りを求めず相手を思って行動すれば、その人も返してくれる

しばらくすると、近所の方から、こう言われるようになりました。

「先生、先生がいなくても、整骨院は大丈夫よ。スタッフのみんな、すごいよ。一生懸命に汗を流してやっていたよ」

「院長がいないからサボろう」から「院長がいないから、院長の分までがんばろう」に変わったのです。見返りを求めていたら、おそらくこうした結果に結び付くことはなかったでしょう。

a hint for your success

見返りとは、
払った努力に支払われるものだ。
努力の前に見返りを求めると「取引」になり、
取引は往々にして空振りに終わる。

相手を尊重すれば、自分も大切にされる

人生の節目ごとに、いろいろなお祝い事があります。

年齢でのお祝い事といえば、まず毎年の誕生日です。そのほか、還暦（六〇歳）、古希（七〇歳）、喜寿（七七歳）、傘寿（八〇歳）、米寿（八八歳）、卒寿（九〇歳）といったよく知られたお祝いがあります。

これ以外にも、半寿（八一歳）、白寿（九九歳）、百寿（一〇〇歳）、茶寿（一〇八歳）、皇寿（一一一歳）、昔寿（一二〇歳）などのお祝い事もあります。

祝われることもうれしいが、人を祝うことにはより大きな喜びがある

ある出来事を契機に、私はこう思うようになりました。人を祝うことは、その相手を尊重する気持ちの確かな表現だからです。

自分自身が変わることで、スタッフは大きく変わりました。小林整骨院が発展し、現在の小林整骨院グループの基礎ができ始めたのもこのころでした。

開業から十数年経ち、その日の仕事が終わってひと休みしていたときのことです。

「先生、お疲れ様でした。電気を消しますよ」

突然、スタッフの一人がこう言ったのです。仕事を終えたばかりで、まだ電気を消す時間ではありません。何が起こるのか分かりませんでしたが、奥のほうからケーキを乗せたテーブルが運ばれてきます。手際よく、スタッフの一人がローソクに火をともします。

「先生、火を吹き消してください」

このとき、私はやっと気づきました。

私の誕生日！

すっかり忘れていたのですが、私の誕生日だったのです。目の前に揺れているローソクのほのめきが少しにじんだようでした。

「先生、誕生日おめでとうございます！　どうぞ、火を吹き消してください」

胸いっぱい息を吸い、私は、一気に吹き消しました。スタッフ全員が心からの拍手をしてくれたものです。

当時の私は三十代半ばで、子供が四人いました。家庭では妻や子供の誕生日はそれなりに祝っていましたが、父親の誕生日は祝ってもらえません。

私は、家族から、自分の誕生日を祝ってもらうことを忘れていました。まして、スタッフから誕生日を祝福されるなど予想もしていませんでした。

「バースデーケーキは、私の誕生日に贈られただけのものじゃない。変わることで、自分はスタッフからやっと尊重される人間になれた。小林整骨院がただ厳しい治療の場ではなく、人間と人間の気持ちが通い合う場になったことへの贈り物なのだ」

尊重の気持ちの表現では、形も大切

それまで、私はスタッフの誕生日を祝ったことがありませんでした。その年以降、スタッフの誕生日には、私が率先して誕生日祝いをするようになりました。

a hint for your success

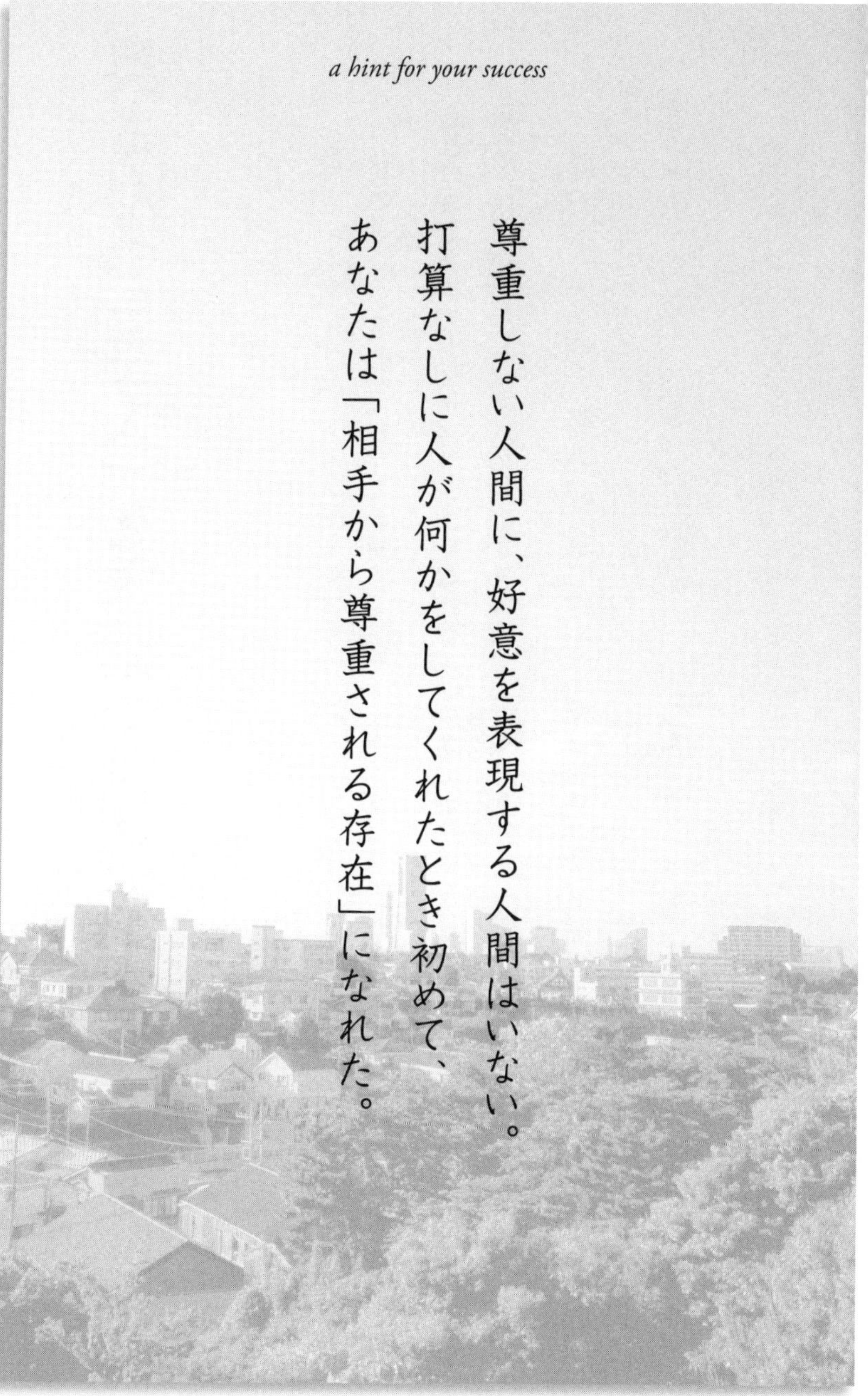

尊重しない人間に、好意を表現する人間はいない。
打算なしに人が何かをしてくれたとき初めて、
あなたは「相手から尊重される存在」になれた。

奥さん（ご主人）を言葉で気持ちよくする

どう人の心をつかみ、どう人を動かすか……。

究極のところ、これは相手とのコミュニケーションがうまく取れるかに集約されます。

人とのコミュニケーションがうまく取れる人は成功により近く、コミュニケーションが苦手な人は、いくらビジネスの能力があったとしても不利

毎年、私は、一緒にビジネスをおこなっている仲間たちとアメリカ旅行をします。

アメリカは本当にフランクな国で、初めて渡米したときはカルチャーショックを受けたものです。たった一回会っただけなのに、次はもう友人扱いで、「ハーイ！」と握手です。「ボディコミュニケーション」と言うのか、ハグしたりもします。

そうしたフランクさに、本当の友情はないかもしれません。ただし、最初は儀礼的なことであっても、そうしたコミュニケーションを繰り返しているうちに、本当の友情が芽生えたり、相手と真剣なコミュニケートができたりすることもあります。

欧米のコミュニケーションは、まず自分の意見を述べることがスタートです。「自分の意見を言わずに自分を表現することなどありえない」という伝統的な思想が流れているからです。

言葉は自分と自分の気持ちを表現する最高のツール

言葉は万能ではありませんが、自分の気持ちを表現する最高の手段です。

日本人は、そうした欧米的なコミュニケート術を持ちません。コミュニケーションに関しては、日本は「察しの文化」です。たとえば、「オレの目を見ろ、何にも言うな」とか、「相手の胸の内を察する」がその代表です。

私は、「日本の文化はコミュニケーションできないからだめ」といっているわけではありません。日本には日本のよい文化があり、よき伝統があります。その点を忘れると、私たちは日本人の原点、日本人のアイデンティティを喪失することになってしまいます。

昔の私は、相手を傷つけるような言葉を知らず知らずのうちに使っていました。言葉数が少ない割に、相手の胸に突き刺さるような表現を使うことが多々あったのです。

「周りの人が傷ついているわよ。私も、よく傷つくのよ」

家内からよく指摘されたものです。そうしたことが少しずつ分かってくるようになり、相手を不愉快にさせるような表現、相手の胸を痛めるような言葉は使わなくなりました。

どんなビジネスでも、相手が気持ちよくなってくれないとスムーズに運びません。一人の顧客をつくろうと思えば、まず奥さん（ご主人）を気持ちよくする術を持つことです。

奥さんを言葉で気持ちよくする。その言葉と方法を応用すれば成功できる

奥さん（ご主人）が言葉で気持ちよくなることは、「心を説得する言葉力」を獲得することです。その言葉は「よい影響力のある言葉」ということもできれば、「相手の心をこちらに向ける魅力のある言葉」、あるいは「相手の心を開く魔法の言葉」ということもできます。

a hint for your success

奥さんを言葉で気持ちよくできない人間に、
第三者の気持ちをつかむことはできない。
顧客もできなければ、
成功に手をかけることも不可能だ。

「名前」で呼び合えばうまくいく

家庭は、コミュニケーションを学ぶ最高の場です。日常会話から奥さん（ご主人）とうまくコミュニケートするスキルが学べるうえ、レッスン料も不必要だからです。相手を気持ちよくできれば、家庭には笑顔が絶えなくなります。

家庭は、コミュニケーションの至上のレッスンスタジオ

問題は、何からスタートするかです。

毎年、アメリカにいく仲間の人数は三〇～四〇人を数えます。みなご夫婦での参加です。

「ここはアメリカですから、アメリカ式でいきましょう」

アメリカに到着すると、バスのなかで私はこう提案します。

アメリカ滞在は、だいたい一〇日間です。この一〇日間、朝の挨拶は、ご主人の"I love you honey"で始まります。奥さんが"me too"と応えてキスします。日本では恥ずかしくてできないかもしれませんが、アメリカにいることと、周りがやることで、どのご夫婦もこの挨拶を自然におこなうようになります。

もう一つ、アメリカ滞在中、夫婦はお互いの名前を呼び合います。

いまの若い人たちは、結婚してからも名前で呼び合うスタイルが多いようですが、私たちより少し上の年代から、結婚すると夫婦間で名前を呼ばなくなるようです。結婚してから、一度も名前で呼んでもらったことのない奥さんもいます。

実は、私の家庭もご多分に洩れず、夫婦では名前で呼んでいませんでした。「おい」と私が言えば、家内は「あなた」とか「パパ」と言っていたのです。

先日、一緒にアメリカ旅行をした五五歳のご夫婦を芦屋のゲストハウスに招いたことがありました。そのとき、ご夫婦はこう言われたのです。

「アメリカ旅行以来、日本に帰ってからも、名前で呼び合うようにしているんです」

奥さんは、「よしこちゃん」と呼んで欲しいということで、ご主人は「よしこちゃん」

と呼びます。ご主人の名前は「かずひで」で、奥さんは「かずさん」と呼びます。

「おい」VS「あなた」を止める。そこが夫婦のコミュニケーションの原点

「ところで、小林先生たちは何と呼び合っているんですか？」

この質問に、絶句しました。「あれはアメリカ滞在中の話だけで」とは言いにくく、その場はお茶を濁しておきました。その夜、夫婦二人で話し合いました。

「名前で呼び合っている様子を見て、すごくいい感じだった。うちも、そうしようよ」

家内も大賛成でした。どう呼んで欲しいかを家内に尋ねると、「ともこ」と呼んで欲しいと言います。私は「ひでたけ」ですから、「ひでさん」と呼んでもらうことにしました。

以後、我が家では「ともこさん」と「ひでさん」で通していますが、名前を呼び合うようになると大きな変化がありました。

ちょっと気に入らないことがあったときでも、コミュニケーションが大きく変化したのです。これまでであれば「こら！」とか言っていたところが、「ともこさん、こら！」とは言えなくなります。「ともこさん」と呼んだ瞬間、怒りは半減しているのです。

a hint for your success

互いに名前を呼び合うことには、
相手への尊敬の気持ちが含まれている。
その尊敬の気持ちが
コミュニケーションを円滑にし、
よい人間関係をつくる。

相手を責めず、感謝で包む

夫婦の意識が同じレベルということはまずありません。ご主人のほうの意識が高ければ奥さんが低く、奥さんの意識が高ければご主人のほうは低くなります。

夫婦間の意識の高い・低いは、絶対的なレベルの問題ではありません。相対的なもので、そこから高い・低いが生じてきます。しかし、この意識に開きがあると、やはり幸せにはなれません。ご夫婦で一緒にビジネスをやられるような場合、とくに問題が発生します。

私と一緒にビジネスをしているご夫婦のなかに、そうしたカップルがいました。このビジネス以外に、このご夫婦は鍼灸院を開業していました。

このご夫婦の場合、奥さんのほうが意識が高く、ご主人の意識はあまり高くありません。一つ問題があるといつまでもその問題にこだわり、暗く落ち込んでいるような方でした。

「先生、うちの人を何とかしてください。仕事場に遅刻ばかりしてどうしようもありません」

ご主人を責め、私のアドバイスで意識を高めようとします。

意識の低さを責めると、そのプレッシャーから相手はよけい沈む

お話をうかがっていると、奥さんの話に無理が感じられます。奥さんが自分中心になり、一方的にリードしようとしているように思われたのです。ご主人はどちらかと言うとマイナス思考でしたが、その原因は奥さんのこの態度にあったと思います。

「ご主人のいいところを認めてあげたら……。そうすればもっと伸びられますよ。結局は、奥さんの問題なんですよ」

何回か、同じようなことが繰り返されました。

「奥さんが変わらないかぎり、ご主人は変わりませんよ」

そのたび、私は同じ答えを繰り返したものです。

その後も、ご主人は鍼灸院に遅刻ばかりしていましたが、あるとき、奥さんが変わり始めました。

それまでの奥さんは、定時に仕事場にご主人を引っ張っていくことばかりを考え、「ああしろ」「こうしろ」と責めていたのです。それでも思うように動いてくれないことにイラ立ちを覚え、よりリードしようとしていたのですが、考え方を一八〇度方向転換させたのです。責めることを止め、包むようにし始めたのです。

責めずに感謝で包むと、相手の意識も次第に高くなる

「私がいって、スタッフと一緒に患者さんを迎えてやればいい。遅刻しても、仕事場にきてくれればいい。こないよりはるかにまし」

奥さんはこう考え、実行しました。

ご主人が仕事場に到着するころには掃除も終わり、気持ちよく仕事ができる状態になっています。そのときから、ご主人の遅刻はピタリと止まりました。遅刻がなくなったばかりか、早く仕事場にいくようになり、患者さんの数もぐんと増えたのです。

ほんの些細な気持ちの切り替えが、ご主人の意識を引き上げたのです。

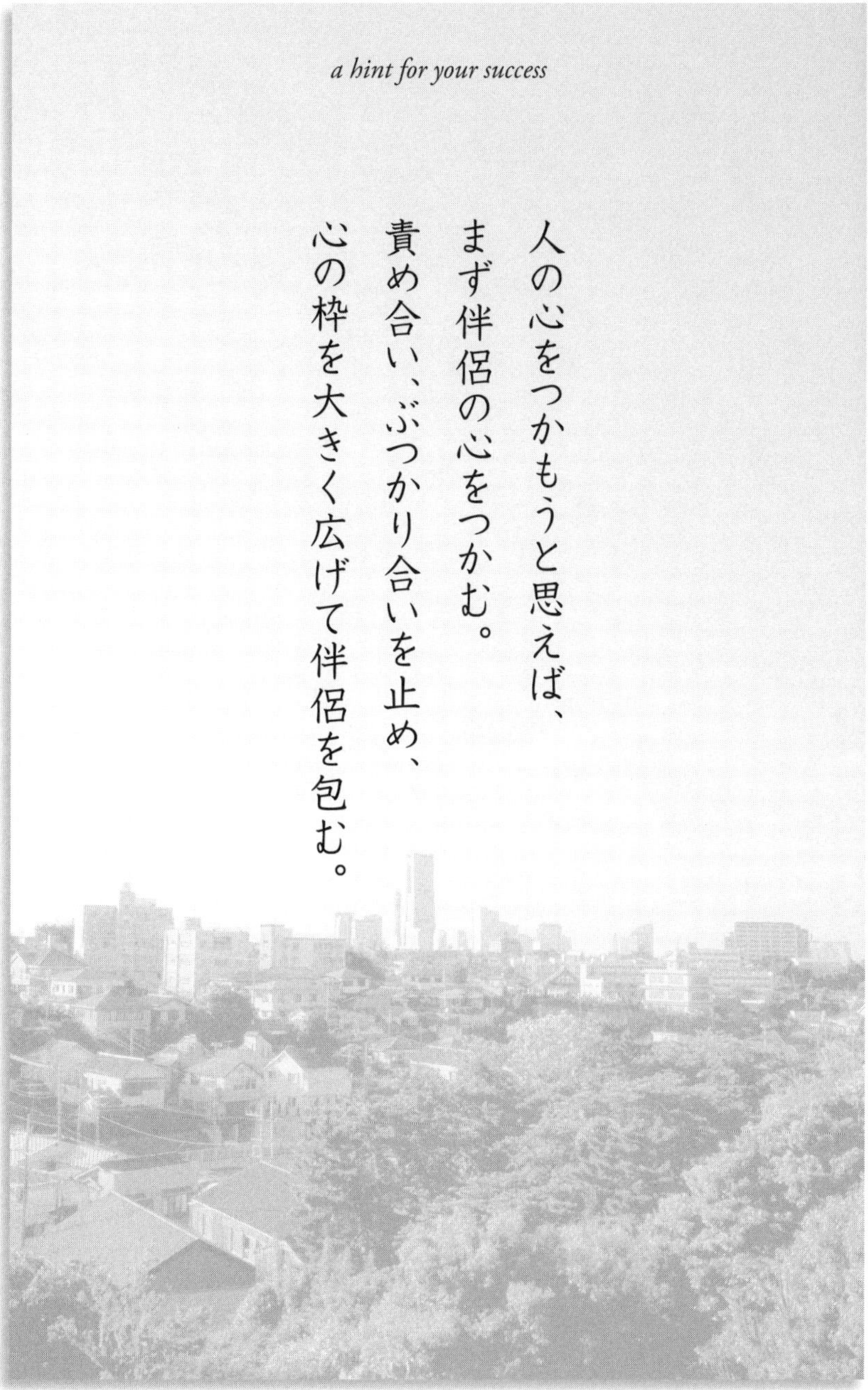

a hint for your success

人の心をつかもうと思えば、
まず伴侶の心をつかむ。
責め合い、ぶつかり合いを止め、
心の枠を大きく広げて伴侶を包む。

第5章

組織をパワフルにする

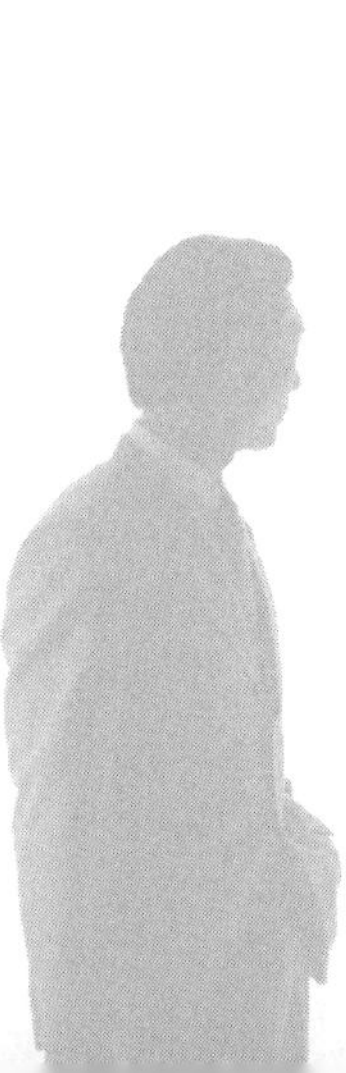

コミュニケーションを仕掛け、集客する

どのビジネスを興すにしても、開店するにしても、そこには人とのかかわりがあります。

必要なことは集客、あるいはお客様の目を自分に向けることです。看板を出していても、集客にはなりません。品物をならべているだけでも、お客様はきてくれません。

人には人が接しないと効果がない。こちらからコミュニケーションの手を差し出し、その手に触れる人を探す

これが集客の意味です。集客のために店の前に立ち、あなたは声をかけられますか？

「どうですか、今度新しくオープンした〇〇です。どうですか？」

こう声をかければ、一〇〇人の通行人のうち、少なくとも一人は興味を持ってくれま

す。一〇〇〇人に声をかければ、興味を持ってくれる人は一〇人になります。一万人になれば一〇〇人が興味を感じ、その何割かはお客になってくれます。

しかし、恥ずかしいからと、ほとんどの人はこの集客行為をしません。集客行為をしないとお客さんはきませんし、売上も上がりません。小学生でも分かる簡単な方程式です。

従来の整骨院では、先生はなかにいて、患者さんが扉を開けて入ってくるのをじっと待っていました。「待ち」のビジネスモデルだったのです。

待ちのスタイルは、口コミの集客が頼りになります。一日五〇人の患者さんを目標にしても、時間がかかります。一日一〇〇人、二〇〇人、三〇〇人の患者さんともなると、気の遠くなるような時間が必要になります。

「待ち」から「攻め」の集客ビジネスモデルへ

私が総院長を務める小林整骨院グループも、いまではネットでの集客がメインになりました。しかし、以前は集客のためにスタッフ総出でのチラシ配りが常識でした。

街頭でのチラシ配りを恥ずかしく思うようでは、仕事がうまくいくはずがありません。

仕事に対する本当のプライドを持っていれば、チラシ配りにも真剣になれるはずです。

そのビジネスに自分を賭けていない人、あるいは、そのビジネスにプライドを持っていない人が、チラシ配りを恥ずかしく思う

チラシの内容にも、秘訣がありました。チラシをただの広告媒体と考えると、チラシは効果を発揮してくれません。

私のグループのチラシは、「あなたの背骨は歪んでいませんか?」といったキャッチコピーを入れます。そこに、背骨が歪んでいることで引き起こされるさまざまな弊害を情報として提供します。つまり、「チラシを単なる集客媒体として使わず、健康情報を提供する媒体」として使っているわけです。

こうしたチラシの使い方をすれば、ゴミ箱直行のチラシではなくなります。チラシを例にあげましたが、広告の使い方の一つの提案です。

a hint for your success

何もせずに待つことが「成功の秘訣」なら、
ものぐさ人間ほど大成功する。
しかし、現実はどうか？
とりあえずの第一歩を印さなければ、
軌道修正もできない。

人は、実際に見たものしか信じない

人間は、見たことのないもの、未経験のことがらはイメージできません。人間のイメージは、過去の記憶のなかから引っ張り出すものです。

脳のフォルダーに記憶のないものは、絶対にイメージできない

組織を伸ばし、より成功するためには人の掛け算が必要です。人とかかわり続けることも必要です。そこで、掛け算の力をパワーアップするために、具体的に夢が実現した状況、成功というもののイメージを実感してもらう必要があります。

私は、芦屋にクルーザーの係留できる別荘を買いました。内装や家具・調度にも、お金をかけました。高級外車も置いてあります。

芦屋に別荘を買い、いろいろと準備した最大の理由は次のようなものでした。

成功した現実を見せる。見た現実を人は信じる

土・日には、だいたい一〇〜二〇人ほどの人を呼んでミーティングを開きます。そこでの話は多岐にわたりますが、夢や目標設定についてもよく話をします。

「あなたの夢は何ですか？　あなたの今年の目標は何ですか？」

私が質問すると、意識の低い人の返事は決まっています。

「いやあ、私にはそんな欲はないし、夢もありません」

しかし、この別荘で数時間過ごしたあと、「夢もない」と言っていた人の態度がガラリと豹変します。異口同音に、夢を語り始めるのです。

「私も、こんな別荘が欲しい。別荘で自由な時間を過ごしてみたい」

「こんな台所で料理をつくってみたい」

女性はこんな反応を示します。

「クルーザーを持つようになりたい」

「フェラーリに乗ってみたい」

男性のほとんどは、こう言います。

成功の具体的なイメージがインプットされると、人は成功に手を伸ばす

実を言えば、私がクルーザーの係留できる家に憧れたのも、オーストラリアでの体験があったからです。ある家のすぐ前にクルーザーが係留され、そこから海に出られるのです。

「ああ、こういう家はいいな！　いつでも好きなときに海に出られていいなぁ！　もし別荘を買うなら、こういうスタイルの家がいい！」

そのとき、「クルーザーが係留できて、そこから海に出られる家」が頭に住み着きました。

帰国してからも、この思いは変わりません。四年ほど経過したとき、理想的と思える芦屋の物件が売りに出され、すぐに現地に見学に飛んでいって契約したのです。

オーストラリアにいく前の私に、そんな夢はありませんでした。現実という手がかりがないため、イメージすることもなかったのです。オーストラリアで見た一軒の家……。その家を見たことで新しい夢が湧き、未来を手にしたのです。

a hint for your success

知っている世界は、過去に見た世界。
見なければ、いつまでも知らない世界。
見ることで、具体的なイメージが湧く。
組織を伸ばそうとすれば、
成功の具体的なイメージを持たせる。

われわれの世代で
最大の革命とは、
人は内面のあり方を
変えることで、
外的要素をも
変えられるという発見が
なされたことだ。
（ウィリアム・ジェームズ）

神から下される贈り物は、
必ず悩み事という
包み紙にくるまれている。
包み紙が大きいほど、
中の贈り物も大きい。
（ノーマン・ビンセント・ピール）

周りの人(社員、スタッフ)に喜んでもらう

世界各国にはそれぞれお国柄、国民性と言われる性向があります。国内でも、それぞれの地方、地域には地域性があります。

大阪と芦屋を比較すると、地域性の大きな違いを感じます。芦屋では、時間がゆったりと流れています。「芦屋では、エレベーターに乗って『閉じる』のボタンを押さないように」と、芦屋に住む友人に言われました。ボタンを押しでもすると、「何をそんなに急いでいるの」と思われるそうです。

いくら地域性の違いがあっても、組織をパワフルにする秘訣には共通点があります。

周りの人(スタッフ、社員)を大切にし、喜んでもらう

どの国であっても、どの地域であっても、この気持ちを持っている経営者やリーダー、

組織は成功します。人間の心の琴線には、万国共通の共鳴周波数があるからです。

芦屋のボート仲間に、ある不動産会社の経営者がいます。その方がボートを購入し、進水式に招待を受けました。

彼は私より若いのですが、腰が低いうえ、社員を非常に大切にしています。社員の顔を見ていても、一緒に働くことが楽しい感じがひしひしと伝わってきます。会話も社長VS社員といった上下関係ではなく、友人同士のような会話です。

その後、進水式当日の写真が、出席のお礼とともに送られてきました。しばらくすると、ビデオも郵送されてきました。

周りへの気配り、心配りができる人のそばにいると、居心地がいい。居心地がよければ人は集まり、持てる力を十分に発揮もしてくれる

不動産業界は、景気のいい会社と悪い会社に二極化しています。新しいボートを購入するくらいですから、彼は景気に乗っている勝ち組です。その秘密がここにあるのです。

あるとき、卓越したホスピタリティ（おもてなしの心）とサービスで名高いホテルにあるフィットネスクラブの新年会に招待されました。

「当ホテルは去年の秋から改装中です。部屋も全面的に改装していますが、最初に改装させていただいた場所はどこだと思いますか？」

壇上に上がった総支配人が、私たちにこう問いかけます。その質問に対して、みないろいろな考えを述べます。

「答えは社員食堂です。私どもにとって、お客様に満足していただく最高の資源は社員ですから、まず社員に喜んでもらう。そのために社員食堂から改装したのです」

「社員が大事、人材は人財」と言う企業は少なくありません。しかし、現実がともなっているでしょうか？　このホテルでは、言うこととやることが一致していました。

「整骨院を改装するとして、自分はどうだろうか？　やはり患者さん中心になってしまうのではないか？」

そのとき思わず、私は自分を振り返らされたものです。

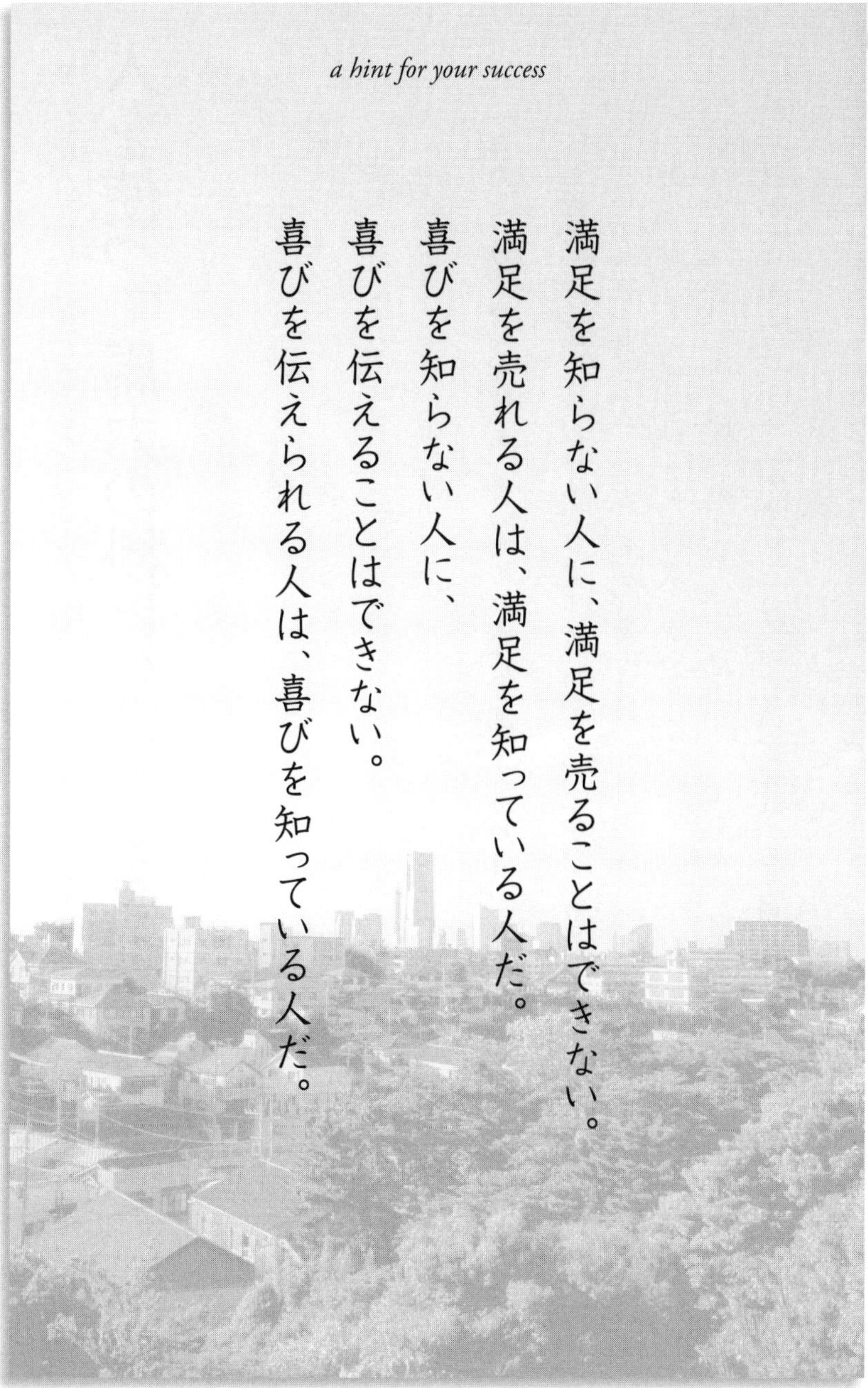

a hint for your success

満足を知らない人に、満足を売ることはできない。
満足を売れる人は、満足を知っている人だ。
喜びを知らない人に、
喜びを伝えることはできない。
喜びを伝えられる人は、喜びを知っている人だ。

人を使って馬力の掛け算をする

何かものごとを成し遂げようとするとき、自分一人であれば一馬力です。一馬力ではできないことも、数馬力のパワーがあればできるようになります。組織の拡大・成長を考えるとき、協力者の必要な理由がここにあります。

一馬力をパワーアップする。そのために人に参加してもらう

また近畿医療専門学校の話になりますが、この学校に学びにくる生徒に、私は、自分の持っている技術を教えたいという希望があります。

しかし、私一人でできることには限界があります。

私のやるべきことは「教鞭をとること」ではなく、「すぐれた柔道整復師を育てる日本一の学校にすること」です。ですから、その目標を達成するために、才能や技術を持ったくさんの教員やスタッフに仲間として協力してもらっています。

法律問題に直面したとき、あなたは六法全書を買って法律の勉強を始めますか？
税金問題で分からないとき、税について書かれた本を読むことから始めますか？

法律知識が必要であれば、弁護士がいます。税金のことで相談があれば、税理士や公認会計士がいます。必要な知識がなければ、そうした人間に相談にいけば話はすみます。

人間は、どんなことでもこなせるオールマイティの存在ではありません。世の中には、自分一人ではできないことがいくらもあります。一人の力、一馬力で目標を目指していくらがんばっても、こなせる仕事は決まっています。いずれ限界もきます。

人が集まると、足し算ではなく、掛け算のパワー（相乗効果）が生まれます。加速度もつきます。それが一馬力と数馬力の違い、人に参加してもらう大きな違いです。

現在の私の整骨院グループは三八院を数え、アルバイトも含めると、スタッフは総勢一六〇人以上にもなります。最初は私一人で始まった整骨院もここまで大きくなりましたが、ひとえにグループの人たちがいてくれたおかげです。

一六〇人以上のスタッフがいますから、単純計算すると一六〇馬力以上のパワーを持っているわけです。相乗効果を視野に入れると、三〇〇～四〇〇馬力あると言って差し支えないかもしれません。

人の能力の掛け算は不可能を可能にする

いま改めて、私は実感しています。

私が一人でやっていれば、死ぬほどがんばっても、ここまでの成長は遂げられなかったでしょう。お互いに補い合える人に加わってもらい、力のベクトルを合わせてきたからこそ推進力も加速度もつき、現在に至っているのです。その力こそ、「組織のパワー」です。

a hint for your success

一馬力の車と二馬力の車……。
どちらの車に乗るかの選択は自由だが、
ほとんどの人は馬力の強い車を選ぶはずだ。
ただ現実問題として、多くの人は
一馬力の車で走っている自分を知らない。

意欲に勝る才能はない

仕事を人に任せるとき、私は、「いま仕事ができるかどうか」は判断基準にしません。何よりも判断の基準にするのは当人のやる気、挑戦する意欲です。

仕事のできる人に任せ、その仕事がうまくいかなかった場合はどうなるでしょう？ できたはずの自分がスキルを使ってできなかったのですから、選択肢がなくなります。それが煩悶であり、挫折です。

いま仕事はそれほどできなくても、やる気と意欲のある人は違います。一つの方法がうまくいかなくても、別の方法にアタックするはずです。いろいろなことにクリエイティブに挑戦を続け、最終的に成功というゴールに到達します。


上本町に分院をつくるとき、チャンスを与えようと、最初にA君に声をかけました。

「今度分院をつくるから、A君が分院の院長をやりませんか?」

「え〜、そうですね。ちょっと考えさせてください、家内と相談してきます」

彼がこう返事をした時点で、私はA君を候補から外しました。

いまその分院の院長をしているB君は、私の与えるチャンスにこう反応しました。

「はい、やらせてもらいます」

B君は即答したのです。

「じゃあ、君に任せるから。頼むよ」

B君の快活な即答に、私もこう依頼していました。


チャンスを生かせるか死なせるかは、チャンスにどう反応するかで決まる

チャンスにはいろいろな形があり、人は、そのチャンスを人からもらっています。

世の中には、チャンスを与えてくれる人間はたくさんいます。仕事を任せられることは大きなチャンスです。成功する人は、チャンスを決して逃しません。

その人がリーダー、あるいは経営者になったとき、自分が選ばれた理由を実感します。

せっかく与えるチャンスです。そのチャンスに迷うような人間に仕事を任せると、不安でたまらないことをよく知るのです。

逡巡する人はリスクや失敗を想像し、挑戦する人は成功を確信する

ナポレオン・ヒルといえば、『巨富を築く13の条件』で巨富を築きました。

この本の依頼を受けた当時、ヒルは地方新聞の一記者にすぎません。話を持ちかけたのは、鉄鋼王アンドリュー・カーネギーです。

「大企業家について、何千もの成功した実例とその理由を探してくれ」

カーネギーから出版内容の希望を告げられたとき、ヒルは29秒でＯＫしています。

「決定にもう少し時間をかけていたら、私は彼への申し出を撤回した」

のちに、カーネギーは語っています。

彼のインタビューは五〇〇人以上、年数は二十数年かかりましたが、その間、ヒルは成功を確信して挑戦したはずです。その確信はといえば、依頼をＯＫしたときにすでに根を下ろしていたものです。

a hint for your success

いまの仕事レベルに多少の不安はあっても、
やる気のある人間に任せる。
やる気は成功の水先案内人になり、
どんな困難をも乗り越えさせてくれる。

人とかかわり続けることを面倒がらない

いま大阪には数千軒もの整骨院があり、患者数や売上の順位がはっきり出ます。私のグループは三八院ありますが、そのなかでも一位から三八位までの順位がつきます。

開業している先生は、みな柔道整復師の国家資格を持っています。同じ資格を持ちながら、なぜここまでの順位がはっきり出るのでしょうか？

外の人（患者さん）と内の人（スタッフ）とどうかかわるか？

順位を決める要素のなかで、これがもっとも大きなウェートを占めます。

人とのかかわり方の違いが大阪での順位を決め、私のグループでも一位から三八位を決めるのです。人口の少ない場所に立地しているとか、市街地でもビルの二階や三階にあるということが決定要素ではないのです。

人とどうかかわるか、そしてどう育てるかが、売上を決め、顧客数を決め、組織の伸長を決める――。これは、すべての事業、すべてのビジネスでも同じです。

たとえば、あるソフトウェア開発会社で、画期的なビジネスプログラムが開発されたとします。そのプログラムを使えば、業績の大幅アップが期待できるとします。

そのソフト開発会社が業績を伸ばすためには、クライアントに新製品を購入してもらう必要があります。クライアントに、そのプログラムを売り込むのは社員です。いくらすぐれたプログラムであっても、クライアントにそのプログラムの魅力を訴え、導入のメリットを理解してもらわなければ売上にはつながりません。

会社が人の育成を怠っていれば、クライアントに使ってもらうことはできないでしょう。組織が飛躍することも、その会社にかかわる人間が幸せになることもありません。

人とのかかわりを怠るとどうなるか？　知人の整骨院の先生に典型的な例があります。

その先生は私の先輩で、昔は一日に一〇〇人ほどの患者さんが来院されていました。人手が必要なためにいつも募集していたものですが、新人が長続きしません。

「お前、何してんねん！　そんなことなら辞めてしまえ」

自分の思うようにならないと、何かにつけ先生は怒鳴ります。どの仕事でも、新人の間は、周囲への心配りとか、言われたことがすぐにできるものではありません。結局、すぐに辞めていくことになってしまうのです。

この先生の失敗は、人とかかわり、育てることが面倒に思えてしまったことです。

「もういい、自分一人でやる」

いまその先生は一人で細々と開業し、患者さんも減る一方です。

人を育てることを諦めると、実りが小さくなる

年を重ねるほど、いろいろなノウハウを持ちます。人間的にも成長します。周りにも人が集まり、どんどん幸せになっていいと思うのですが、この先生はそうはなりませんでした。年を重ねるほど、周りに人がいなくなってしまったのです。

a hint for your success

人と無縁の成功などありえない。
どこまで人とかかわったか……。
その深さと幅の掛け算が、
成功の大きさを決める。

成長期にクリエイトする

個人であれ、組織であれ、動物であれ、草木であれ、成長するあらゆることがらには成長期があり、安定期があり、衰退期というマイナスエイジがあり、その最後が死です。

これを「成長の原理」と言います。

人間は産声を上げてこの世に生まれ、二〇歳ぐらいまでは体力的な成長を遂げます。その年齢を過ぎると成長が止まって安定期に入り、やがて衰退期に入って最後に死を迎えます。

国も同じです。存在しなかった国が誕生し、安定期を迎え、衰退期に入って滅亡します。

宇宙は約四〇〇億年前に誕生し、地球は四六億年前に誕生しています。この宇宙も、地球もやがて衰退期に入り、最後は死が避けられません。

いま、日本に一〇〇年続く企業がどれだけあるでしょうか？

二〇〇年続いている企業がどれだけあるでしょうか？

時間の波間に消えていった企業は、成長期から安定期に入り、「成長の原理」どおりに衰退していった企業です。

衰退を止めることはできないが、遅らせることはできる

衰退を遅らせる唯一の方法が、つねにクリエイトし続けることです。

「かっぱえびせん」で一世を風靡し、大成長したカルビーという会社があります。同社が「かっぱえびせん」だけに頼るビジネスを展開していれば、いずれ安定期を迎え、衰退し、姿を消していたことでしょう。

カルビーは、成長期にポテトチップスを始めとするさまざまな新製品を開発投入しました。そのおかげでいまもカルビーは存続し、創業期よりも売上を伸ばしています。

会社組織だけでなく、個人商店でも、自営業でも、少しビジネスがうまくいくと安住し

がちです。「これで安定してきた」と考え、守りに入ります。この姿勢でいくと、必ず衰退期が訪れます。衰退を感じたときは、もう手遅れです。生半可な努力で、衰退の流れにブレーキをかけたり、勢いを押しもどしたりはできるものではありません。

人気を保ち続ける歌手は、一つヒットソングを放ったあと、矢継ぎ早に新曲をリリースします。お笑いの世界で売れ出したタレントは、次のギャグに心血を注ぎます。作家でも、ベストセラーを出せば、できるだけ早く新作を世に問います。

成長期にクリエイトする。そのことが衰退を遅らせる

安定というものは、心地のよいものです。しかし、心地よい安定は衰退の入口です。大事なことは、「安定期に入る前の成長期に何をするか?」です。

成長期に新しいアイディアを創造し、新しい商品を開発する……。新しいビジネスモデルや手法を考える……。人とかかわる新しい方法を考える……。

そのことが売上を伸ばし、企業生命を維持します。安定に胡坐をかいていると、「成長の原理」から、必ず時間の波間に沈むことになります。

a hint for your success

安定は、すでにマイナス成長に入っている。
成長途上でクリエイトすることだけが
やがて訪れる衰退を遅らせられ、
クリエイトできた数が
先延ばしできる寿命になる。

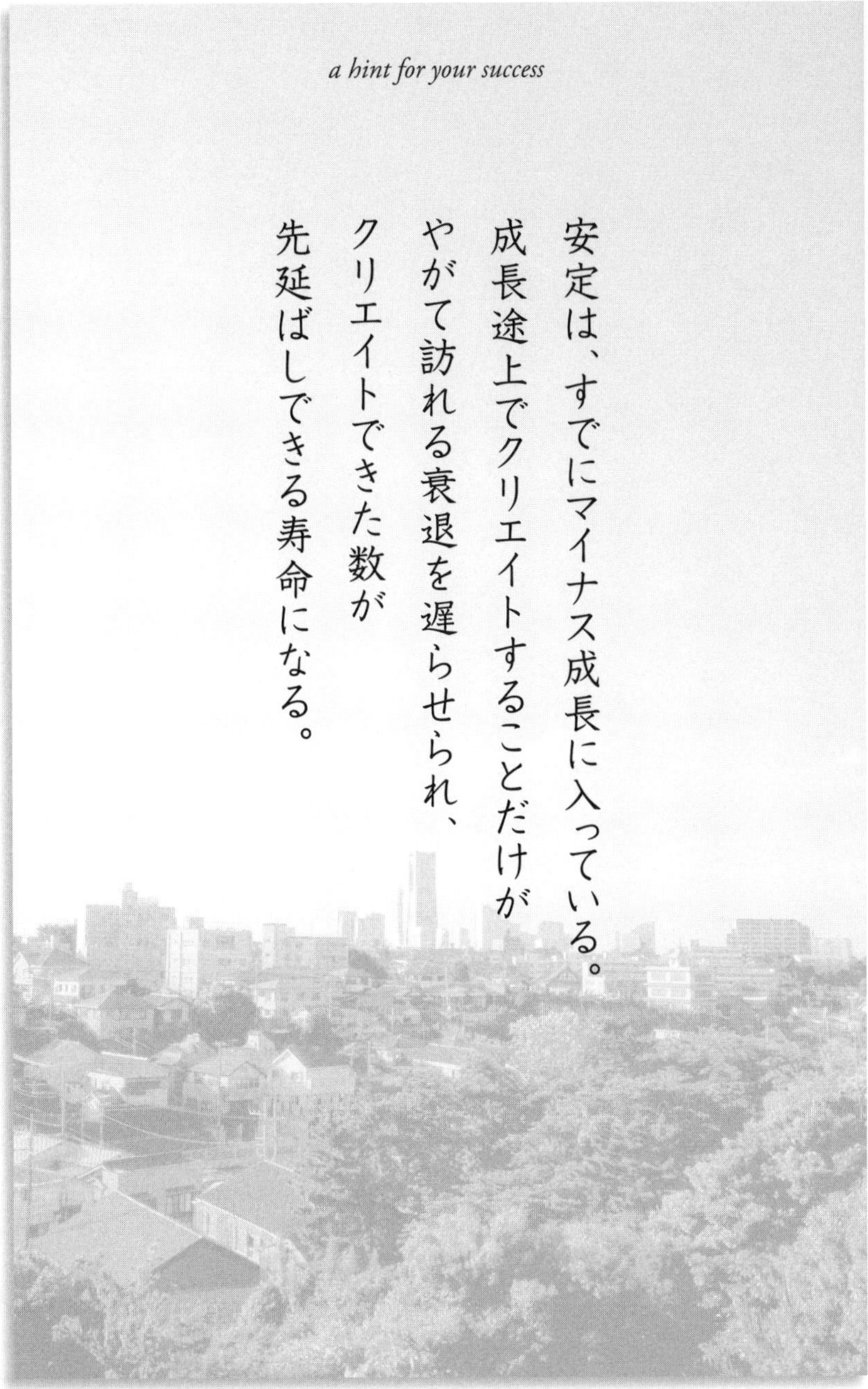

第6章

失敗・ピンチを「停止信号」にしない

気持ちを切り替えギアを高速にする

成功の一つの大きな要素として、「気持ちの切り替えのスピード」があります。

たとえ落ち込んでも、成功者はすぐに気持ちを切り替え、次の日にはもう復活しています。復活したら、その状態をできるだけ維持するようにします。

成功者は気持ちをすばやく切り替え、落差を小さくする

逆に言えば、気持ちの切り替えを速くすれば、成功へのルートが開けるということです。

私も、悩むこともあれば、落ち込むこともあります。ただ、長く落ち込まないように、気持ちをすばやく切り替え、落ち込みの波を小さくしてきただけのことなのです。

スポーツの世界でも、プロ・アマを問わず、ほとんどの選手がスランプを経験しています。筋肉を鍛え、精神を鍛えても、やはりスランプに見舞われるのです。

一シーズン通して絶好調を維持する選手など、これまで一人もいなかったはずです。まして、選手生活のなかで、スランプを経験しなかった選手などいるはずがありません。

現役時代のイチロー選手も、シーズンに一度や二度はスランプに陥っていました。ヒットの出ない試合が数試合続くこともありますが、すばやく立ち直りを見せ、シーズン終了時にはリーグで一、二のすばらしい成績を残すのです。

「イチロー選手は、落ち込む時間を短くするように自分をコントロールしていた。それができるのは自分の気持ちを切り替える高速ギアを持っているからだ」

不振から瞬く間に復活するイチロー選手の姿を思い出すたびに、私はこのことを心に浮かべます。

一流選手だから気持ちの切り替えが速いのではない。気持ちの切り替えが速いからよい成績が残せ、一流選手になった

成功しない人は、気持ちの切り替えができない人。いつまでも落ち込んだ状態を引きずり、そのなかで悪戦苦闘する人です。

落ち込むことは決して悪いことではない。いつまでも落ち込んでいることが悪

成功を説く本では、ポジティブシンキングやプラス思考を勧めます。私はポジティブシンキングやプラス思考を否定するつもりはありませんが、自分の経験から、限界があると考えています。

たとえば、ポジティブシンキングなりプラス思考ができたとして、そのことで現実の世界がバラ色に一変するでしょうか?

我に帰れば、元の現実が待っています。そこでまたポジティブシンキングやプラス思考が必要になるとすれば、いつまで経っても同じことの繰り返しになってしまいます。

落ち込みは、言わばバックギアです。

気持ちの高速切り替えギアを持てば、バックに入っているギアをすばやく二速、三速にシフトでき、あとは加速するだけです。だから私は、「気持ちの高速切り替えギアを持とう」と提案しているのです。

a hint for your success

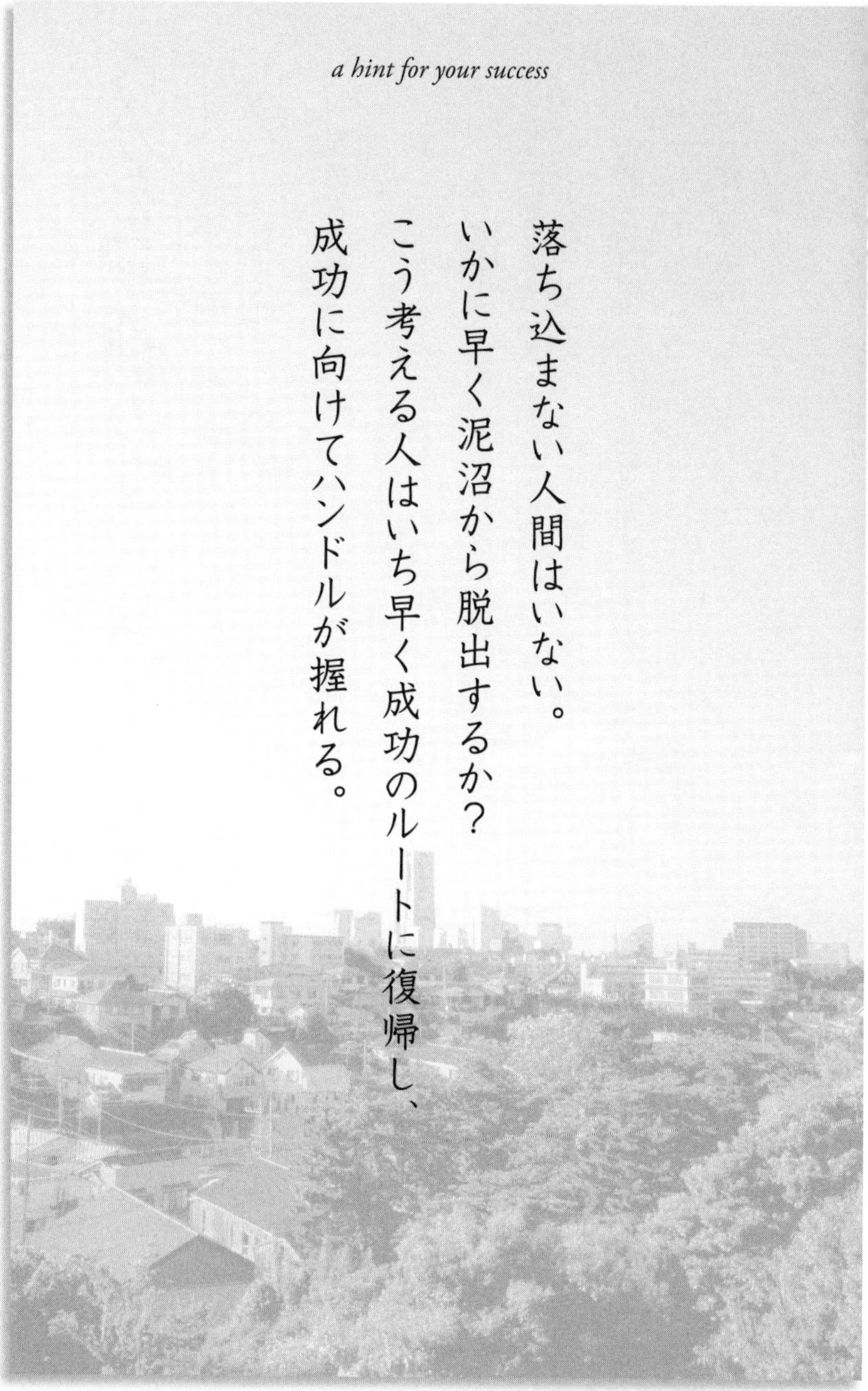

落ち込まない人間はいない。
いかに早く泥沼から脱出するか？
こう考える人はいち早く成功のルートに復帰し、
成功に向けてハンドルが握れる。

自分を「悲劇の主人公」にしない

悩みを抱えている人は、往々にしてこんな考えにとらわれるものです。

「この悩みを抱えているのは自分だけだ」

「なぜ、自分だけがこんな目に遭うのか？」

こう考えるからこそ、悩みに真剣に向き合いもします。しかし、そのことが悩みに「深刻」という衣を着せ、ますます深い悩みに仕立て上げていきます。

そこで誕生するのが、「私は悲劇の主人公」です。

人智では解決できない悲劇を抱えた主人公、運命ということでしか処理できないような現実に放り込まれた主人公……。本来、その人は悲劇の主人公ではないのに、自分で自分を悲劇の主人公にしてしまうのです。

私の周りに、そうした悩みを訴える人もいます。そうした人に私が言うことは、いつも決まっています。

「悲劇の主人公」に生まれついた人間はいない

悩んでいるのは、決してあなただけではありません。誰でも同じような悩みの種を持ち、解決策を求めています。解決策は必ずあります。ただ現在のところ、解決策が発見できていないだけなのです。

この世の中で起きる問題は、そうたいしたことではありません。みな、大変ではないことをさも大変そうにとらえ、解決が難しいと悩んでいるのです。

確かに、当人にすれば大問題と思えるかもしれませんが、それは問題のなかから事態を眺めているからです。問題のなかに身を置いて、問題の本質を見ることはできません。

誰かから、相談を受けた経験があるはずです。その経験を思い出してください。深刻そうな表情をしていたその人が切り出した話を聞き、「そんな些細なことで悩んでいるのか」と驚きませんでしたか?「こうすれば解決できるはずなのに……」とか「こう考えれば問題は消えるのに……」と、すぐに解決策が提案できたこともあったのではないでしょうか？

この世の中で起きたことは、世の中で解決できる

一〇年前、あなたは困ったことや問題を抱えていませんでしたか？

いま、その悩みや問題はどうなっていますか？

誰でも、一つや二つの問題や悩みがあったでしょう。振り返ってみると、「そんなこともあった」、「あのときは大変だった」という思い出話になっているはずです。結局、さまざまな問題や悩みがあったとしても、乗り切ってきているわけです。解決してきているのです。

この人生でどうにもならないことは、そう起こるものではありません。

人間がどうにもならない究極のこと――私は、それは「死」だと思います。

死ぬことが一番大変だと考えるのであれば、死ぬ気になれば何でもできます。その覚悟の前に、解決できないこと、乗り越えられない壁などあるはずがありません。

a hint for your success

世の中に、
解決できない問題はない。
なぜなら、
解決するために問題が与えられているからだ。

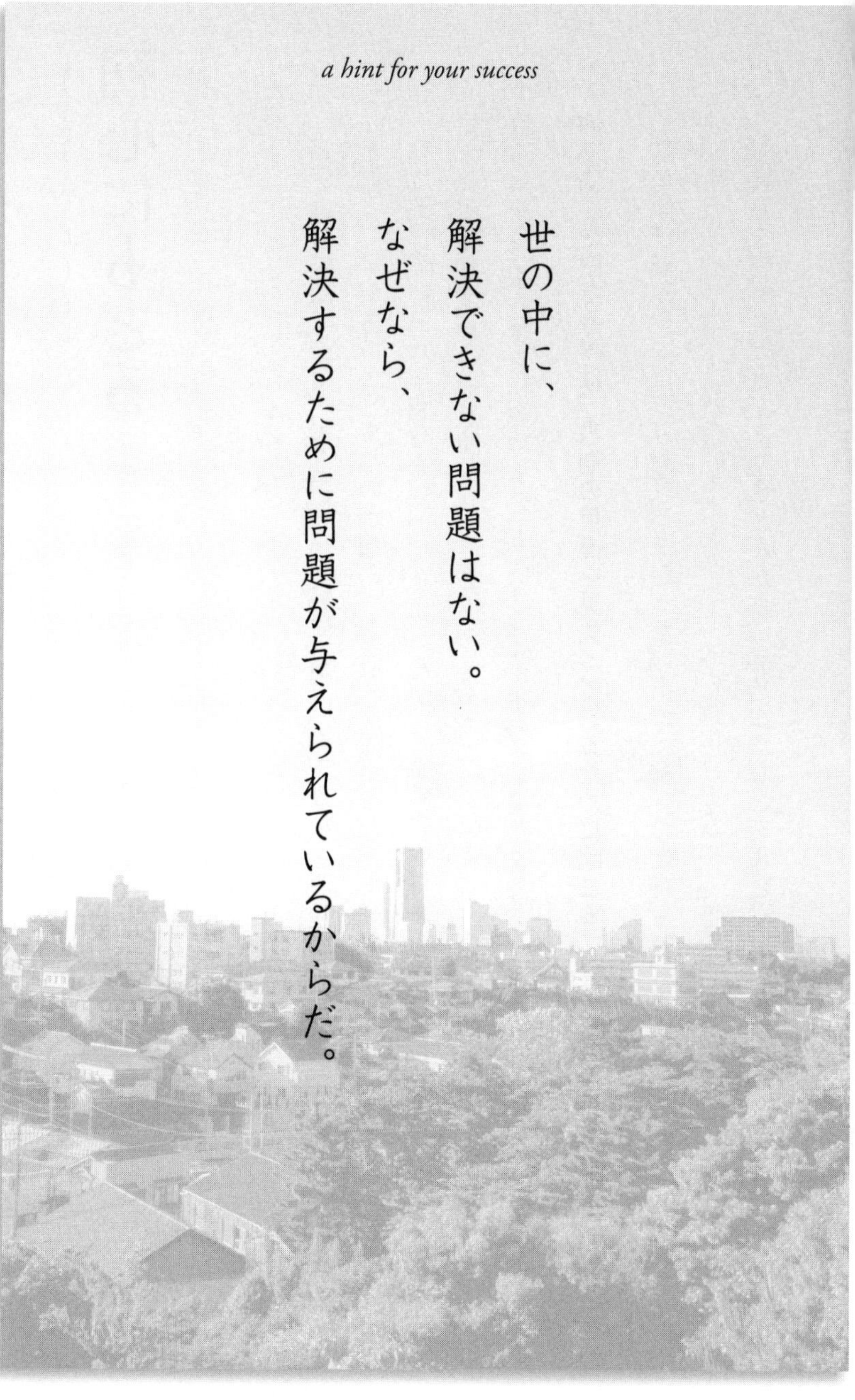

初心にもどる

ビジネスでは、「ちょっと中だるみになっている」とか「伸び悩んでいるな」とか「このところ、ビジネスがうまくいかない」と訴える人が少なくありません。

私は整骨業に三六年間身を置いてきましたが、「整骨院の仕事を辞めたい」とは思いません。痩身事業も二六年間やりましたが、「もう二六年もやったから痩身事業を辞めよう」とか、「もう手を抜いてもいいかな」とかまったく思いません。

伸び悩みや中だるみは、当初の目標を見失っているために起こる

私が伸び悩みや中だるみを感じなかった理由は、整骨の仕事も痩身事業も好きだからです。もう一つ、「人に喜んでもらおう」、「人の役に立とう」、「世の中の役に立とう」という気持ちを忘れたことがありませんから、辞めようなどと思わないのです。

中だるみや伸び悩みを経験せずにここまでやってこられた理由は、ただ「人のために、人に喜んでもらおう」という初心を忘れなかったことにあるといえるかもしれません。

仕事でも何でも、人間のモチベーションは、上がったり下がったりするものです。何かの刺激でモチベーションが上がったとしても、時間の経過とともにモチベーションは下がり、一ヵ月もすると元のレベルにもどります。

成功している人でも、落ち込むときはあります。期待通りの展開が得られなければ、期待が大きければ大きいほど、モチベーションが低下します。人間なら、それは当然です。

一生懸命にやっていた動機は何だったのか?

どんなビジネスでも、始めるときは一生懸命だったはずです。モチベーションが下がったら、「初心にもどる」ことです。原点にもどって初心を再確認し、もう一度、スタートを切ればいいのです。

それでも、まだ逡巡したり、再スタートの切れない人もいます。

自分はこの仕事が本当に好きか?

自分の心に素直に聞いてみてください。その仕事が本当に好きでなければ、伸び悩みも、中だるみも当然の結果です。好きでなければ心が満たされることもなく、喜びを得ることもないからです。

その仕事が好きでなければ、その仕事を続けても成功は望めません。自分の心とよく相談し、他の仕事での成功を考えたほうがよいでしょう。

「いまは中だるみを感じているけど、私はこの仕事が好きだ!」

素直に初心を問い直してみたとき、こう気づけば、その仕事を続けることです。

「もっともっと人に喜んでもらおう。もっともっと自分のステージを上げよう」

新しくスタートを切るとき、あなたの胸にはこんな決意が芽生えているはずです。

日本には、「初心忘るべからず」という格言があります。こうした戒めの格言が語られる背景には、「初心は忘れやすいもの」という真理があるのです。

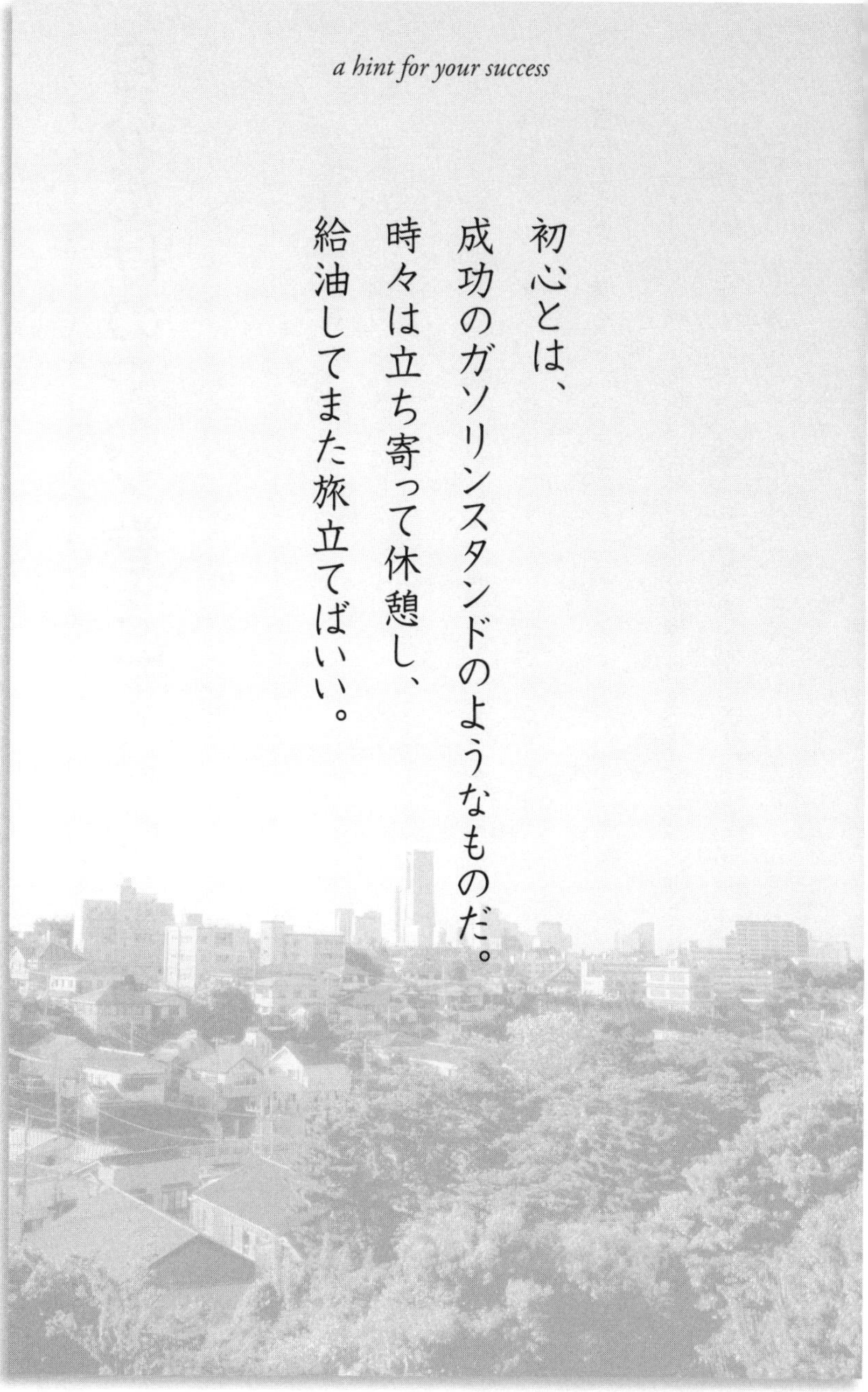

a hint for your success

初心とは、
成功のガソリンスタンドのようなものだ。
時々は立ち寄って休憩し、
給油してまた旅立てばいい。

自分だけの「ネジ巻き」を持つ

気持ちの切り替えを速くする……。

自分を「悲劇の主人公」にしない……。

初心にもどる……。

ピンチに陥ったとき、中だるみや伸び悩みを感じたときの対処法を述べてきましたが、落ち込みからすばやく復活するもう一つの方法があります。

自分にネジを巻く

落ち込んだと感じたら、自分にネジを巻く。そうすれば、落ち込みの波は小さくなり、早く復活できます。また、落ち込みそうと感じたときも自分にネジを巻けば、仮に落ち込んだとしても落差は小さくなります。うまくいけば踏みとどまることができます。

そこで、一つ問題があります。

どうすれば自分にネジを巻けるか？　何をネジ巻きにするか？

自分にネジを巻く方法を持っていれば、その方法を実践すればいいのです。その方法を持っていなければ、ネジを巻こうにも巻けるものではありません。

過去、仕事に没頭して乗り切った経験を持つ人もいるでしょう。そうした人は、心に少し頼りなさを感じていても、思い切り仕事に没頭してみることも手です。

ゆずの『栄光の架橋』を聞くと勇気が出る人は、その曲を聴けばいいのです。ちょっと古い曲ですが、水前寺清子の『三百六十五歩のマーチ』で元気が出る人は、カラオケにいって熱唱してもいいでしょう。

この人に会うと心がスッキリする、勇気がもらえるという人がいれば、その人に会いにいくことも有効です。会って話を聞いてもらっているうちに、心のモヤモヤが解消するはずです。勇気が湧いてくる自分を感じることもできるでしょう。

好きな本、自分を刺激し、発奮させてくれる本を手がかりにすることもできます。マーク・フィッシャーの『成功の掟』を読むと心がリセットされる人は、また第一巻第一ページから読んでみてもよいでしょう。

何でもいい、勇気を与えてくれる方法を発見する

私は気持ちの切り替えには自信がありますが、切り替えのギアがうまく噛み合ってくれないこともあります。そうした場合、『成功の掟』を手に取ります。

私にとって、この本が自分にネジを巻く方法です。この本を手に取るだけで、気持ちが変化します。もう数十回は読んでいますが、読むたびに、いままで気づかなかったところに気づきがあり、違う感動が味わえます。

落ち込みや悩みはないほうがベターですが、そうしたことでも、少しずつでも人間的成長を促します。違う感動を味わえることは、私の感性が少しずつ微妙に変化していることもあるでしょうが、私の人間的成長の証ではないかとも考えています。

a hint for your success

成功者は、「自分にネジを巻く方法」を
知っている。
だから、落ち込みの波が小さくなり、
すばやく復活する。
自分に勇気を与えてくれるものを発見し、
オリジナルの「自分のネジ巻き」を持つ。

失敗から一つでも学ぶ

この世の中で、失敗を経験しない人間など存在しません。

成功者でも、必ず失敗を経験しています。ただし、成功者は失敗から何かを学び、次には同じ失敗を繰り返しません。

失敗から学び、同じ失敗を繰り返さない。そうすれば失敗の種は減る

失敗から学ばない人間は、同じ過ちを繰り返します。成功のスピードが鈍るばかりか、前進がおぼつかなくなることさえあります。

先に、布施駅前の二億五〇〇〇万円のビルを頭金なしで購入した話をしました。そのビルはすぐにテナントが増えて家賃収入が増え、いまや欠かせない権利収入になっています。

ビルの購入ではまず予算を立て、数軒の不動産屋に自分が手に入れたいビルの概要を話しました。不動産屋は、探したビルを次から次へとファックスで送ってきます。

不動産屋から送られてくるファックスを手に物件を見にいっているうちに、ビルを見る目が肥えてきます。購買基準に合う物件が見つかるまで、絶対に妥協しませんでした。

このビルは駅前にあり、広い道路に面しています。隣はスーパーです。交通は便利なうえ、ちょっとした買い物にも便利です。これなら買った値段で売れます。その後、銀行から頭金なしの二億五〇〇〇万円の融資を受け、購入しました。

最初から、私に不動産の鑑定眼があったわけではありません。このビルを買うとき、過去の不動産購入失敗での学びがあったのです。

整骨院の経営が安定し始めたとき、私の願いは広い自宅を持つことでした。

「一〇〇坪の自宅を持ちたい」

こう思っていると、そうした物件があらわれるものです。希望通りの一〇〇坪の家が売りに出されたことを知ると、飛びつくように購入しました。値段は一億円近くでした。

「さぁ、引っ越すぞ」

私のかけ声に、家中から反対コールが噴出したのです。家内も、父も母も、子供も、引っ越しを拒否します。拒否の理由はさまざまでした。

駅から遠くて不便だ……。買い物に不便だ……。学校から遠い……。

「その家にいきたいんだったら、お父さん一人でいけばいい」

最後には、私を除く家族全員の意見が一致してしまいました。

売るしか方法はなく、不動産屋に売却を依頼したものです。購入希望者はあるものの、やはり立地の悪いことが影響してなかなか売れません。結局、売れたのは数ヵ月も経過してからで、売却値も二〇〇〇万円ほど安いものでした。

売るときに、買った値段で売れるかどうか？　この基準に合う物件が見つかるまでは、絶対に妥協しない

このときの失敗が、私にこの教訓を授けてくれました。自宅の購入で失敗していなければ、ビルの購入でもっと手痛い失敗を経験していたことでしょう。

a hint for your success

失敗を恐れるなら、挑戦しなければよい。
失敗を経験していない人は、
失敗する価値のないことにしか
挑戦していない人だ。
失敗からの学びには、
世界中であなたしか持っていない価値がある。

諦めなければ敗者にならない

成功にはさまざまな定義があり、成功の姿もいろいろなものにたとえられます。

「成功とは、一つの山に登るようなもの」

私なりの成功観を聞かれれば、こう答えます。

誰もが「成功というピーク」を目指して登頂を試みますが、挫折する人も少なくありません。最大の原因は、「登頂ルートは一つしかない」と決め込んでしまうことです。

自分の前に、成功に至るルートが一つ見えています。努力してその一つのルートを登り始めても、そのルートが閉ざされると諦めが働きます。

「この方法をやってできなかったから、私にはもう達成できない」

「前の人がこの方法で先にいったから、私はその先にはいけない」

登頂ルートは一つと考えるから諦めが生まれ、努力を放棄することになります。

成功というピークに到達する道は、決して一つではありません。

私たちの脳には一四〇億以上の脳細胞があります。その脳細胞の組み合わせの数だけ思考が生まれ、思考の数だけルートがあります。思考は無限です。成功する道も無限です。

成功というピークに至る道は無限にある

「ここで通行止めになっている。それなら、違う道を探そう」

「ちょっと遠回りになるかもしれないが、こっちから回る道もあるだろう」

諦めてしまえば、山の頂上に「自分の成功の旗」を立てることはできません。

自分の最終ゴールをしっかり持つことが、無限の思考をもたらします。途中で行き止まりになっていても、ゴールに至る違うルートは発見できます。

「この道は進めない」と判断する原因には、たとえばお金があり、時間があるでしょう。

資金が底をついたから、もうできない。本当に、お金がないからもうできないのでしょうか？　お金がなくてもできる方法を考えましたか？

時間がないから、もうできない。時間がないから、本当にできないのでしょうか？　時間のつくり方を考えましたか？

諦めたとき、人は敗者になる。敗者とは、挑戦を放棄した人のこと

道が険しくても、諦めないかぎり成功への挑戦者です。いつも成功への挑戦者であるために、ゴールをしっかり自覚することです。

もう一つ、ある目標を定めて行動を起こすとき、人はそれが目指すべきピークだと思います。その山の頂上に立てば、自分は目指すべきゴールに到達したと思います。しかし、そのピークに立ったとき、さらに高い頂を発見します。

私もそうでした。私がそれなりの成功を手にできた理由は、次々に登場してくる新しい頂に挑みつづけたからです。新しく発見した頂上を克服する道も、無限にあります。

発見、そして挑戦……。また発見、そして挑戦……。

その道は、より大きな成功にあなたを導いてくれます。

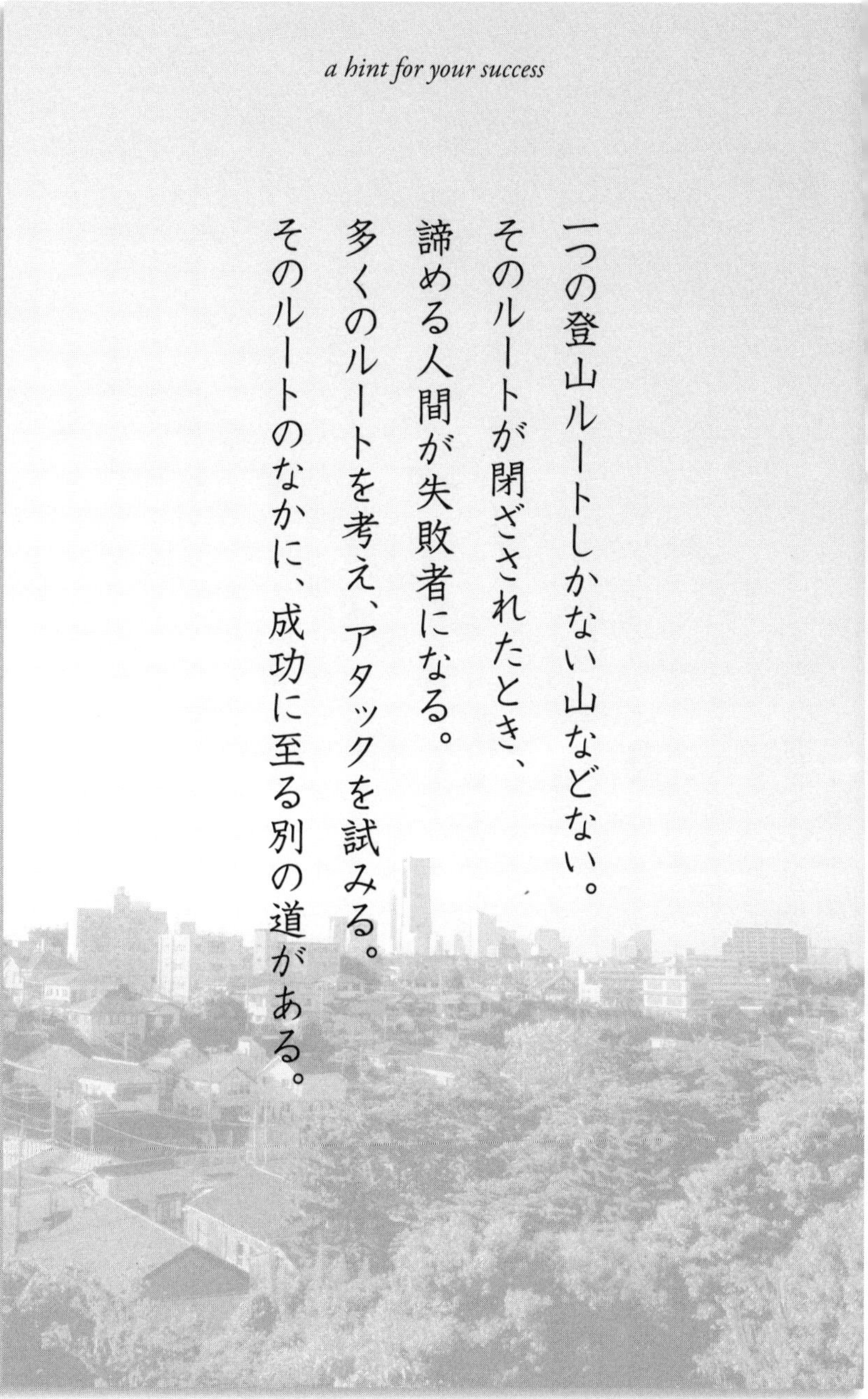

a hint for your success

一つの登山ルートしかない山などない。
そのルートが閉ざされたとき、
諦める人間が失敗者になる。
多くのルートを考え、アタックを試みる。
そのルートのなかに、成功に至る別の道がある。

第7章

潜在意識があなたを成功に導く

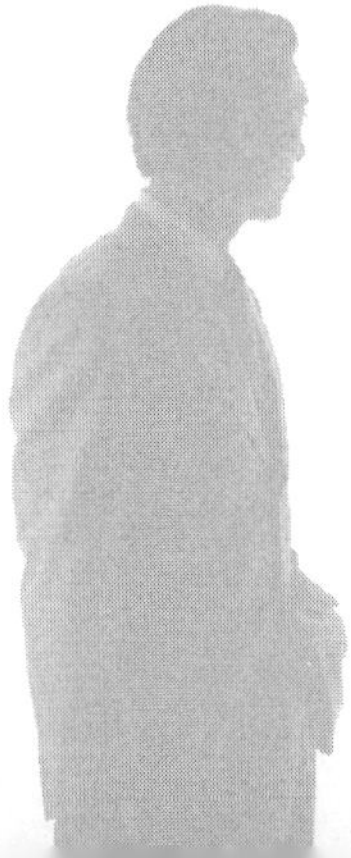

九七パーセントの「無意識」を利用する

成功できる人と、成功できない人。両者の違いは、能力ではありません。「潜在意識」を使っているかどうかです。

世の成功者はおしなべて、潜在意識をうまく使っています。逆にいえば、潜在意識を活用すれば、誰でも成功できるのです。

たった三パーセントの意識しか使えていない

潜在意識と聞くと、何かのおまじないのようにとらえる人もいるかもしれません。「思えば叶う」「手帳に書けば実現する」「引き寄せの法則」などなど……。でも、思っただけ、紙に書いただけでは、願いは叶いません。

私は大学のときに心理学を専攻し、フロイトやユングなど潜在意識の概念を学びました。

97%は無意識の世界

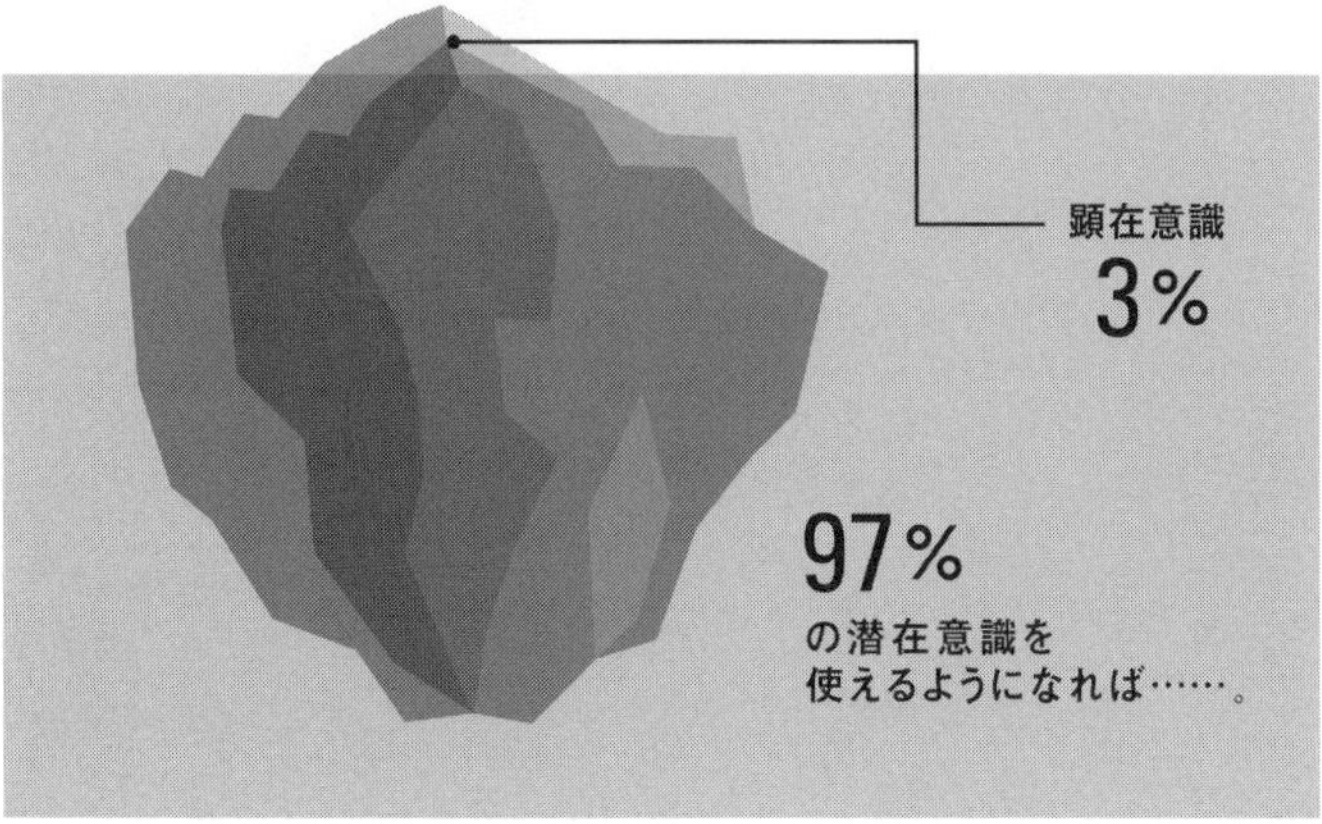

潜在意識は、私たちが自覚していない意識のこと。いわゆる、無意識というものです。私たちが自覚する意識は、全体の三%くらいだといわれています。これを「顕在意識」といいます。顕在意識が三パーセントなら、自覚していない潜在意識は九七パーセントです。私たちが自覚している顕在意識は、氷山の一角のようなものなのです。

多くの人はたった三パーセントの顕在意識の中だけで「ああなりたい、こうしたい」と、考えています。だから叶わないのです。

潜在意識、つまり無意識の世界にあなたの思いを落とし込むことが大切なのです。

潜在意識はおまじないでもなんでもなく、れっきとした学問です。学問は再現性があるものですから、同じようにすれば同じ結果が出る仕組みになっています。

ですから潜在意識を活用することで、夢を叶えたり、やりたいことができるようになったり、なりたい自分になれたりします。たとえ無謀な願いであっても、です。

私自身、若い頃は「きっとだめだろう」「できるはずがない」という気持ちがありました。でも、大学で心理学を学んだことで、少しずつ変わっていったのです。

人は無意識の世界でつながっている

「あの人に会いたいな」と思ったら偶然会うことができたり、「こういうビジネスがしたいな」と思ったら関係する人とご縁ができたりすることがあります。それは、無意識の世界でその人とつながっていたからです。

顕在意識しか使えていないと、個で完結してしまうため、どうしても限界があります。潜在意識を使うことで、人と気持ちが同調したり、人が助けてくれたりします。

潜在意識ではシンクロニシティ（共時性）が起こります。それがいわゆる引き寄せなどと呼ばれるものです。シンクロニシティによる必然なのです。私はこれまで、このシンクロニシティをたくさん経験してきました。

a hint for your success

世の中には、
夢や希望を叶えた人と、そうでない人がいる。
その違いは能力の差ではなく、
「九七パーセントの潜在意識」を使えているかどうか。
残念なことに、多くの人は
潜在意識を眠らせたまま終わってしまう。

潜在意識を働かせるための三つの条件

前項で、思うだけ、手帳に書くだけでは願いは叶わないと書きました。なぜなら、それだけでは潜在意識を活用する条件が整っていないからです。

思いを無意識の世界に落とし込み、潜在意識を働かせるためには、三つの条件がありま す。

潜在意識を働かせる条件

一.そのことを思い続ける

二.根拠や方法を考えない

三.自分の得より、人の得を考える

一つ目は「**そのことを思い続ける**」です。

「ああなりたい、こうしたい」と、寝ても覚めても、何をしているときでも、強く思い続けることです。起きているときになんとなく「○○が欲しい」「○○になりたい」と思っても、それは顕在意識でしかありません。

寝ても覚めても、うとうとしているときも、ずっとそのことを考え続ける。

そうすると、自然に心がワクワクして、気持ちがみなぎってきます。そのくらい思い続けることで、思いを潜在意識に落とし込めるのです。

二つ目は「**根拠や方法を考えない**」です。

願いを叶えるために「どうしたらできるだろう」「何からはじめればいいだろう」という現実的な道筋を考えて悩んでいるとしたら、潜在意識を使っていない証拠です。とくに頭がいい人ほど、「どんな方法があるだろう」と、方法論ばかりを考えがちです。

顕在意識では、論理が勝ってしまうのです。

だから、無謀な願いについては「きっとダメだろう」「できるはずがない」と考えて、思いに蓋をしてしまうのです。心のどこかで最初からあきらめてしまうのです。

方法から考えはじめたら、どうしても限界があります。

「会社を辞めて、医者になりたい↓これから受験勉強をはじめてももう遅い。無理に決まっている」「営業成績で一位をとりたい↓他に優秀な人がたくさんいる。自分にできるはずがない」という具合です。

お金がないから、年をとっているから、自分に能力がないから……といった理由をつけて、バリアを張ってしまうのです。

「ああなりたい、こうしたい」という強い願いに、根拠はいりません。

常にそのことに意識を集中させ、潜在意識に落とし込むことで、無意識の世界で他の誰かとつながり、かならず縁やチャンスが訪れるものなのです。

心のどこかで「できないかもしれない」と考えたら、できるはずがありません。

潜在意識は「○○はできないかもしれない」「○○になれないかもしれない」を取っ払い、「○○ができる」「○○になる」に変えることができます。

三つ目は**「自分の得より、人の得を考える」**です。

まさに第1章でお伝えした利他の精神です。潜在意識を活用するためには、やはり利他の精神が必要なのです。

自分のため、つまり個の世界で完結する思いは、潜在意識が働きにくくなります。

私自身の経験でも、世の中のため、人のため、誰かのためという思いであれば、不思議とうまくいくのです。

私も若い頃は、利己的な人間でした。

学生時代にこんなことがありました。

ある日自宅から最寄り駅まで自転車に乗って出かけようとすると、駅前に千円札が三枚落ちていました。誰も見ていなかったので、「今日はラッキーやなあ」とそれを拾い、難波まで出て友人と遊びました。

ところが、帰ってきて自転車置き場に行くと、自転車がないのです。三千円拾って、自転車を盗まれたわけです。

自分のことだけ考えて生きていると、いいことづくめというわけにはいきません。一ついいことがあったら、一つ悪いことがある。どこかで帳尻が合ってしまうのです。

整骨院の仕事を始めてからは、自分のためよりも患者さんのためという思いが強くなりました。人のためという思いを持っていると、患者さんが増えたり、尊敬する人と出会えたり、よい治療法に出会えたりと、いいことばかりが起こるようになるのです。

成功する人は「自分がしてほしいことを、相手にする」

自分は人に生かされている。だから、人のためになることをしよう。

そう考えると、不思議な力が働くのです。

成功している人は、みんなそうです。誰かを喜ばせたい、助けたい、町や国をよくしたいという気持ちが原動力になっているから、その思いが潜在意識に落ちて、チャンスに恵まれたのです。

アメリカの成功者たちは、ゴールデンルールを実行しているといわれます。

それは「自分がしてほしいことを、相手にする」こと。つまり「自分がしてほしくないことは、相手にもしない」と同義です。これは利他の精神にも通じるものです。

a hint for your success

成功するためには
がむしゃらな情熱と利他の精神が必要になる。
さあ、九七パーセントの潜在意識を呼び覚まそう。

情熱があれば、根拠はいらない

整骨院経営が軌道に乗り、あるとき、私はどうしても学校をつくりたくなりました。

柔道整復師、鍼灸師は国家資格であり、高い専門知識だけでなく、すぐれた人間力が必要です。

私は本当の意味で、人の役に立ち、人に喜ばれ、人に認められる柔道整復師、鍼灸師、スポーツトレーナーをもっと育てたいと思うようになったのです。

この業界に対して、恩返しをしたいなという気持ちもありました。

しかし、学校法人をつくるのは、並大抵のことではありません。

普通の会社をつくるのとは違うのです。周りの人たちは「そんなこと無理に決まっている」と考えていたようです。

でも、私は学校をつくるという夢に、とりつかれてしまったのです。

私がなぜ、学校法人をつくれたのか。

簡単に言えば、「学校をつくるのが大変だと知らなかった」からです。

つまり「どうやったらつくれるか」「どんな条件があるか」なんて、少しも考えていなかったのです。

情熱だけで何もわからず、そこに苦難の道が待っていることを知らなかったからこそできた——。そんな話をお聞かせしましょう。

熱い気持ちで臨めば、人の心を動かせる

学校をつくりたい——思い立ったが吉日です。

私は早速大阪府庁の私学課に出向き、「学校をつくりたいんですが、どうすればいいですか?」と相談しました。

すると役所の人は「大阪にはすでに一二校も専門学校がある。すでに定員割れしているところもあるのだから、もうつくらないでください」と言うのです。

しかし私はあきらめませんでした。

何度も何度も足を運んで懇願すると、役所の人も根負けしたのです。

「分かりました。小林先生がそんなにおっしゃるなら、私たちも応援させていただきます」

口約束ではありますが、とうとう承諾してもらえたのです。

その頃、収益物件として購入した七階建てのビルを持っていました。半分くらいはテナントが埋まっていたのですが、なかなか満室にならないという中途半端な状態です。このビルを学校として申請できると考えたのです。

問題は続々と浮上しました。

まずは現在入居しているテナントに出ていってもらわないといけません。

こちらは数ヵ月分の家賃、保証金全額返金などの条件をつけて、退去していただくことにしました。

同時に、質のよい教員やスタッフを確保しなければなりません。

まだ認可も下りていない新しい学校ですから、なかなかいい返事をもらえません。こちらについても、相当な苦労を重ねました。

さらに、学校は廊下の幅が決まっていて、一階から七階まで全面改修工事をしなければならないということが分かったのです。

　私はこれらの準備に二年をかけ、三年目の開校を決めました。

　開校を翌年に控えた頃も、まだまだ問題が山積でした。

　ビルの全面改修工事をしようにも、建築確認申請が下りるまでは工事ができません。ところが、待てど暮らせど下りないのです。

　当時は耐震偽装の姉歯問題が起こったばかりで、役所も慎重になっていたのです。設計士さんが出向いても業者扱いされてしまい埒《らち》があかず、私が直接役所の建築課に出向いて頼み込みました。

「もう教員も集めて、生徒募集も始めているんです。来年の四月に開校できないとえらいことになる。なんとかしてもらえませんか？」

「そう言われても、順番ですから……」

「いや、そこをなんとか」

　こんなやりとりを繰り返していると、やはり相手が根負けして「分かりました。善処させていただきます」と、ようやく翌週に建築確認申請が下りました。

ルールに合わなければ、そのルールを変えればいい

同じ頃、私は書類を整えて大阪府庁の私学科に学校法人設立の申請しに行きました。開校する「近畿医療専門学校」は学校法人と養成施設を兼ね備えたものですが、学校法人は文科省、養成施設は厚労省の許可が必要だというのです。

担当者に相談すると「今年は文科省から許可をもらい、次の年に厚労省からもらってください。同時に許可はできないんです。このままでは間に合わないから、開校を一年ずらしたらどうですか?」と提案されたのです。

「一年延ばすなんてとんでもない。来年開校できなければ大変なことになるんです」

「いや、そうは言われてもルールなので、同時は無理なんです」

私は何時間も、私学課の窓口でねばりました。

OKをもらうまでは帰らない。そんな気迫を感じたのか、担当者が上の人にかけあってくれたのです。

そこでまた問答です。

最後にこんなやりとりがありました。

「小林先生、最後にもう一度聞きますけど、どうしても来年でなければダメですか？」

「はい。来年の四月でないとダメです。お願いします」

するとどうとう「分かりました。しかし、私学課の内規を変えないといけません。これから内規を変えさせていただきます」って言ってくださったのです。

損得勘定で動いたら、学校法人設立は果たせなかった

もちろん、これ以外にも問題はたくさんありました。

なかなか出て行ってくれないテナント、急なスケジュールに対処してくれた建築会社、そしてビルの抵当権の抹消……。本当にぎりぎりで、なんとか四月の開校に間に合ったのです。

「学校をつくりたい」と思い立ってからの数年間、本当に険しい道のりでした。

トラブルだらけの日々でしたが、終わってみればいい思い出です。こんなに大変だという予備知識があったら、できなかったかもしれません。

学校をつくるには、資金の準備、施設の準備、人集め、生徒集め、さまざまな許認可……といったハードルがたくさんありました。公益法人ですから、さまざまな条件も驚く

ほど厳しいのです。

役所の人にも「小林先生、下手に学校なんてつくらないほうが、お金が残りますよ。絶対にやめておいたほうがいいですよ」と言われたくらいです。

学校づくりに奔走した数年間、私の頭には損得勘定などありませんでした。

そこにあるのは、根拠のない「とにかく学校をつくりたい」という私の思いと情熱だけでした。

強い思いで潜在意識をフル活用したからこそ、こんなことができたのだと、われながら思っています。

a hint for your success

「無理だ」と思ったら、気持ちが萎える。
「無謀だ」と思ったら、行動にブレーキがかかる。
物事をやり遂げられる人は、
向こう見ずな情熱しか持っていない。

無謀な願いでも、絶対に叶えられる

私が潜在意識を使って夢を叶えた、もうひとつの例を紹介します。

二〇一六年八月に、ブラジルのリオデジャネイロでオリンピックが開催されました。

ちょうどその一年ほど前、二〇一五年の八月に、私は「スポーツトレーナーとして、リオオリンピックに行きたい」と思い立ったのです。

もちろん、私はそれまでオリンピックに行ったことなどありませんし、関係者への伝手やコネもありません。ハタから見れば「とんでもなく無謀な願い」です。

オリンピックに行きたいという思いの本意は、柔道整復師の地位を上げたいというものでした。

ケガや痛みで悩む人は、やはり整形外科を受診することが多いものです。私には「整骨院に通ったほうが早く治る場合も多いのに、まだまだ柔道整復師という資格の認知度が低いのだ……」という思いがありました。

私がスポーツトレーナーとしてオリンピックに参加できれば、全国の整骨院、そして柔道整復師という国家資格を持つ人たちが、いまよりもっと認知されるきっかけになるかもしれません。

そのためにも、リオオリンピックに参加して、その次の東京オリンピックも目指したいと考えたのです。

強い思いがリオへの縁をたぐり寄せる

それからというもの、私は「リオオリンピックに行きたい」という強い願いを抱き続けました。それこそ、寝ても覚めても、そのことばかり考えました。

人に会えば必ず「リオオリンピックに行きたいんです」「スポーツ関係のお知り合いはいますか?」「誰か私をリオに連れていってくれませんか?」と言い続けました。

無謀な願いであるほど、それを叶えるためには他の人の協力が欠かせません。蜘蛛の糸のように細くてもいいから、私とオリンピックをつなげてくれるものを、私は常に探していました。

すると二〇一六年の一月、たまたまある人の紹介で、日本ボクシング連盟の会長（当時）である山根明さんとお会いする機会に恵まれたのです。

そのとき、山根会長が少し変な座り方していらしたのに気づき、尋ねてみると、「わし、足がいとうてなあ。こっちの足がしびれてんねん。だから普通に座ってられへん」とおっしゃいます。

そこで私は「ぜひ私に治療をさせてください。一回だけでは分かりませんから、三回治療をさせてください。三回で変わらなかったら謝ります」とお願いしました。

山根会長は治療を快諾してくださいました。

そして三回目の治療後、「もう普通に座ってられるわ。ありがとう」と、とても喜んでくださったのです。

そして私は治療が縁で懇意になった山根会長に、オリンピックに行きたいという思いを伝えたのです。

手に入れた、リオオリンピックのへの切符

二〇一六年の三月か四月くらいだったでしょうか。

山根会長が「理事長、ほんまにリオに行きたいんか？」と聞いてくださったのです。私は当然「絶対に行きたいです」と答えました。

会長は「日本人選手がボクシングでリオに行けたら、一緒に行かせたる」と約束してくださいました。

その後森坂選手と成松選手が世界大会でいい成績を収めることができ、日本代表としてオリンピック出場が決まりました。私もトレーナーとして、リオオリンピックに同行できることになったのです。

前年の八月に芽生えた「オリンピックに行きたい」という私の強い思いは、たった一年で実現したのです。

普通なら、一年前にオリンピックに行きたいなんて、叶うはずがないと思うのではないでしょうか。

「さすがに来年は無理だろう。五年後の東京オリンピックを目指してみようか」くらいに考えるはずです。

でも、そんなことを考えていたら、きっと五年後だって叶いません。

たとえ無謀だと思われる願いであっても「どうしても叶えたい。だから絶対に叶う」という強い気持ちを持つこと。そうすれば、その願いは潜在意識に落とし込まれます。

その結果、自分の行動が変わり、周りの人が後押ししてくれ、チャンスに恵まれるものなのです。

a hint for your success

運命をたぐりよせたいなら、
一日二四時間、本気で思い続けること。
その思いがあなたの潜在意識に落ちれば、
素晴らしいチャンスが向こうからやってくる。

ハワイに伝わる心のクリーニング

みなさんは「ホ・オポノポノ」という言葉を聞いたことがありますか。

これはハワイに伝わるスピリチュアルな問題解決法です。簡単に説明すると、潜在意識を使った心のクリーニングです。

私がこのホ・オポノポノに出会ったのは、一〇年ほど前になります。ホ・オポノポノの精神を学び、深く共鳴したのです。

私たちは物事がうまくいかないとき、「あいつが悪いからこうなった」「あいつのせいで、こうなった」などと、誰かのせいにすることがあります。そういった嫌な感情を、クリーニングするのです。

ホ・オポノポノの心をクリーニングするための呪文は、次の四つの言葉です。

「ありがとう」
「ごめんなさい」
「許してください」
「愛しています」

四つの言葉は、他の誰かではなく、自分に向けたものです。潜在意識の自分に向かって唱えるのです。

「いつも私のことを陰で支えてくれてありがとう。それなのに、つい表面的な顕在意識ばかり頼ってしまってごめんなさい。そして、許してください。そして、愛しています」

多くの人は、九七パーセントを占める潜在意識の自分を無視しています。だから怒り、妬《ねた》み、嫉《そね》みといった嫌な感情が沸き起こるのです。

自分の中にいるもう一人の自分、サムシンググレートやインナーチャイルドなどともいわれますが、無意識の世界の自分のことなのです。

三パーセントの顕在意識でしか物事をとらえられないと「私が、私が」となり、他人を責めることになります。そうなれば、自らの心が癒されたり、成長したりすることはできません。

インスピレーション（潜在意識の声）を大切にせよ

私は、「ＳＩＴＨ（セルフ アイデンティティ スルー ホ・オポノポノ）」の代表を務めるＫＲ（カマイリ・ラファエロヴィッチ）女史に、ハワイで個人セッションを受けたことがあります。

妻と一緒に行ったのですが、個人セッションなので一人ずつ、それぞれ一時間かかります。

私からセッションを受けることにしたのですが、ＫＲ女史は「なぜあなたが先に受けるのですか」と尋ねます。

私が理由を考えて「自分は一〇年前から本を読んでいて、妻よりも知識があるから」と答えたら、「その心をクリーニングしましょう」と言われました。

「多くの人は、選択するときに知性を使っている。なんとなく自分が先に受ける。そこに理由はいりません。〝なんとなくこうしたい〟がインスピレーションです」

そう教えてもらいました。

あれがほしいな、あれを食べたいな、あそこに行きたいなということに、理由なんていらないのです。

すべてをインスピレーションと考えて、大切にしなさいというのです。これはまさに、潜在意識のことです。

何かをするときに理由を探し、知性で考えはじめたら、それに縛られてしまうのです。

心をクリーニングすれば、怖いものがなくなる

私自身、四つの呪文を唱えて心をクリーニングすると、仕事がうまくいったり、相手に喜んでもらえたり、チャンスをいただけたりすることが増えました。

人間は、過去の記憶が判断基準です。みなさんが歩んできた人生は、遺伝子レベルで記憶があります。

たとえば誰かに何かをお願いするとき、「やっていただけませんか」と言って「できません」と断られたら、傷つき、モチベーションが下がります。それが記憶に刻まれれば、同じようなシチュエーションが怖くなります。

そこで過去の記憶をクリーニングすれば、もう一度「やっていただけませんか」と言う

のも怖くないはずです。

心をクリーニングすれば、「断られたらどうしよう」「失敗したらどうしよう」という気持ちがなくなります。

私たちは心をクリーニングしてよけいな記憶、嫌な記憶を消すことで、「本当の自分」に戻れるのです。

そして本当の自分に戻れたときにこそ、本当の力を発揮することができるのです。

a hint for your success

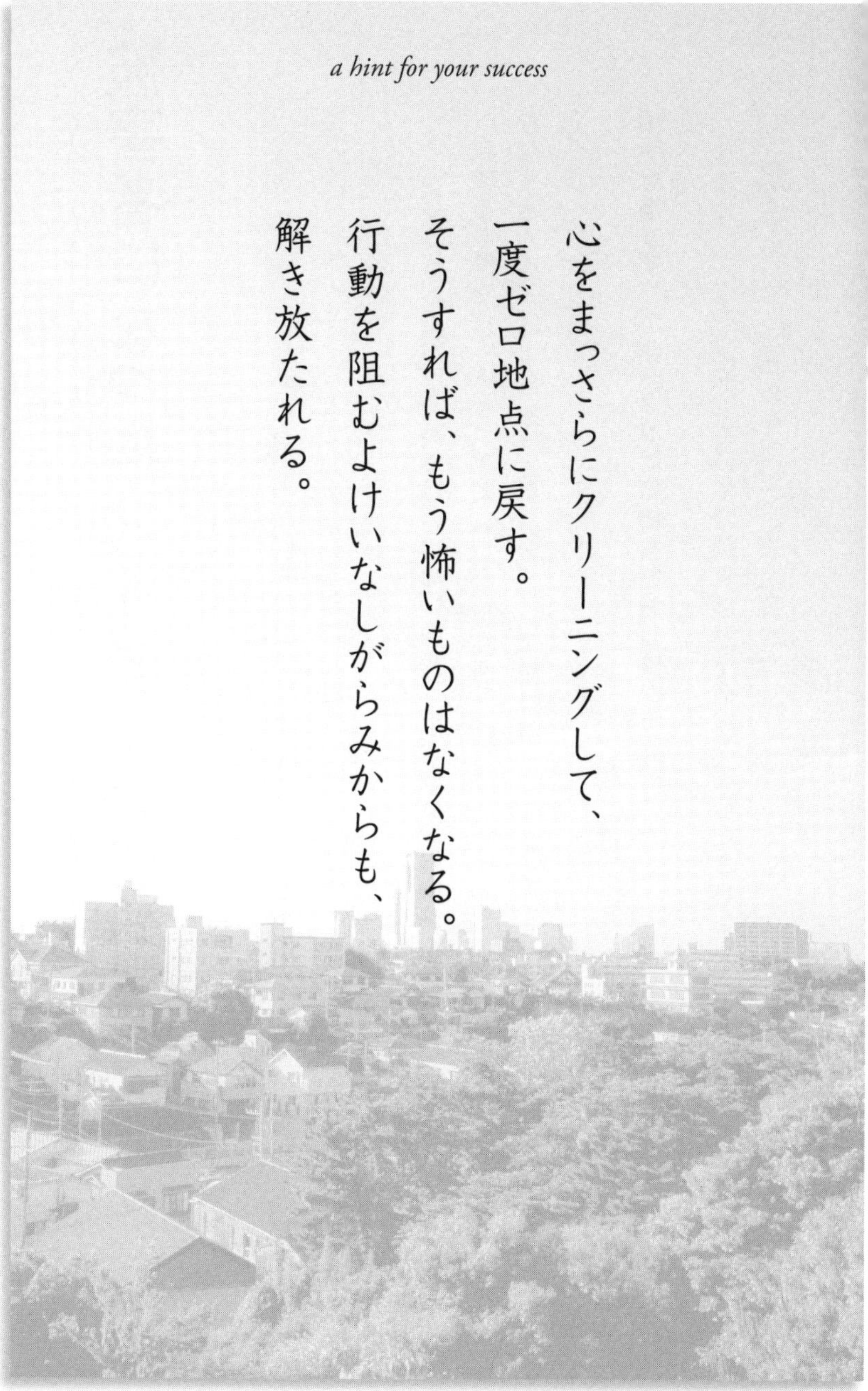

心をまっさらにクリーニングして、
一度ゼロ地点に戻す。
そうすれば、もう怖いものはなくなる。
行動を阻むよけいなしがらみからも、
解き放たれる。

被害者になったら、うまくいかない

人間、生きていればいろいろな悩みが出てくるものです。とくに人間関係においては、深い悩みを持っている人もいるでしょう。人対人の関わりの中で、どうしてもうまくいかないこともあるでしょう。

そんなとき、絶対にやってはいけないのが、被害者意識を持つことです。

被害者意識を持つ人は、絶対に成功できません。悪いことが起こったとき、自分が被害者だと考える人は「自分は絶対に正しい。相手がすべて悪い」と考えている証拠なのです。

相手を憎まず、ポジティブに気持ちをおしはかる

たとえば、車を運転していて、割り込みやあおり運転をされたら「こんちくしょう！」「なんてやつだ！」と怒りたくなります。

そして、「自分はちっとも悪くないのに、相手のせいでむしゃくしゃする」となり、その日一日、嫌な気持ちを引きずることになります。

もちろん割り込みしたほうが悪いに決まっていますが、そこで相手を憎む気持ちを持ってしまうと、心のエネルギーが低下するのです。嫌な思いをしたうえに心のエネルギーまで下げるなんて、バカバカしいことです。

そんなとき、私はいつも、ポジティブに相手の気持ちを考えることにしています。

割り込みをする人は緊急の用事があったのかもしれないし、あおり運転をする人はよほど嫌なことがあったのかもしれません。

「よほど急いでいるんだな」「あれ、気が立っているのかな」くらいに考えれば、あなたの心のエネルギーが低下することもありません。

よどんだ潜在意識では、心をコントロールできない

これはビジネスでも同じです。

トラブルがあって、たとえ相手が一〇〇パーセント悪くても、「あいつが悪い」「絶対に許さない」と憎しみや恨みを引きずっていると、絶対に成功することはできません。

強い憎しみや怒りが潜在意識に落とし込まれれば、それが周りの人にも伝わってしまうのです。そうなると、よどんだままの潜在意識で生きていくことになります。自分の心をコントロールすることができなくなり、仕事もうまくいかなくなります。

とくに人間関係で悩みを抱えている人は、自分が被害者意識を持っていないか、確認してみましょう。

私の周りの人を見回しても、成功する人は決して愚痴や悪口を言いません。人のことを恨んだり、憎んだりすることは、あなたの人生にとってなんのプラスにもなりません。潜在意識をきれいにして、すっきり快適な毎日を過ごしましょう。

a hint for your success

自分が被害者になってしまえば、一時的には楽。
しかし、相手に責任を押しつけることになり
成長の機会を失う。

「乗り越えられない壁はない」は本当だった

「どうして私だけがこんな目にあうのだろう」

不運が重なると、そんなふうに思いがちです。

人生にはさまざまな問題が起こります。まったく悩みもない人などいません。

では、問題はなんのために起こっているのでしょう。

それは、あなたを成長させるためなのです。


過ぎ去ってみれば、どんな悩みも小さなことに思える

あなたの人生をさかのぼってみてください。

小学校のとき、中学校のとき、高校生のとき……。いつだって、大なり小なり、問題や悩みがあったはずです。そして、そのときは真剣に悩んでいたはずです。

小学生のとき、私は塾をさぼったことがありました。バレたら烈火のごとく叱られるだろうという恐怖で、親父から逃げまわったのです。そのときは一生の一大事くらい必死な思いでした。

当たり前ですが、いま思い返せばなんのことはありません。素直に謝ればいいだけのことなのに、隠そうとしたことでよけいに怒られてしまったのです。でも、必死に逃げまわった小学生の自分の姿は、いい思い出です。

同じように、みなさんにも過去にはいろいろな悩みや問題があったはずです。受験で悩んだり、家族や友人と大ゲンカをしたり……。失恋して「自分は世界一不幸だ。死んだほうがマシだ」なんて思った経験のある人も多いのではないでしょうか。

どれも、そのときは真剣な悩みでした。でも、いまとなってはどうでしょうか。塾をさぼった私と同じように、どの悩みも、小さくて、しょうもないことのように感じられるのではないでしょうか。

過去の悩みをそんなふうにとらえられるなら、あなたの心が確実に成長しているという証拠です。

そして、現在抱えている悩みも、きっといつか「あのときは大変な思いだったけれど、いま思えばたいしたことはなかった」となるはずです。

人生の問題は、自分の心を成長させるために起こっている。

そう考えれば、「問題さんありがとう」という気になります。

問題から逃げ続ければ、あなたの心の成長は止まります。しかし、問題に立ち向かえば、かならず成長できます。

この問題を乗り越えれば、一段上のステージに立てる。そう考えれば、どんな問題も肯定的にとらえることができ、気持ちが楽になります。

人生というのはよくできたもので、たいていはそのときの自分に乗り越えられる問題しか起こらないものです。何か大きな問題が起こったら、それだけあなたの心が成長している証拠なのです。

問題を解決すれば、次のステージではもっと素敵な景色が見えるかもしれません。

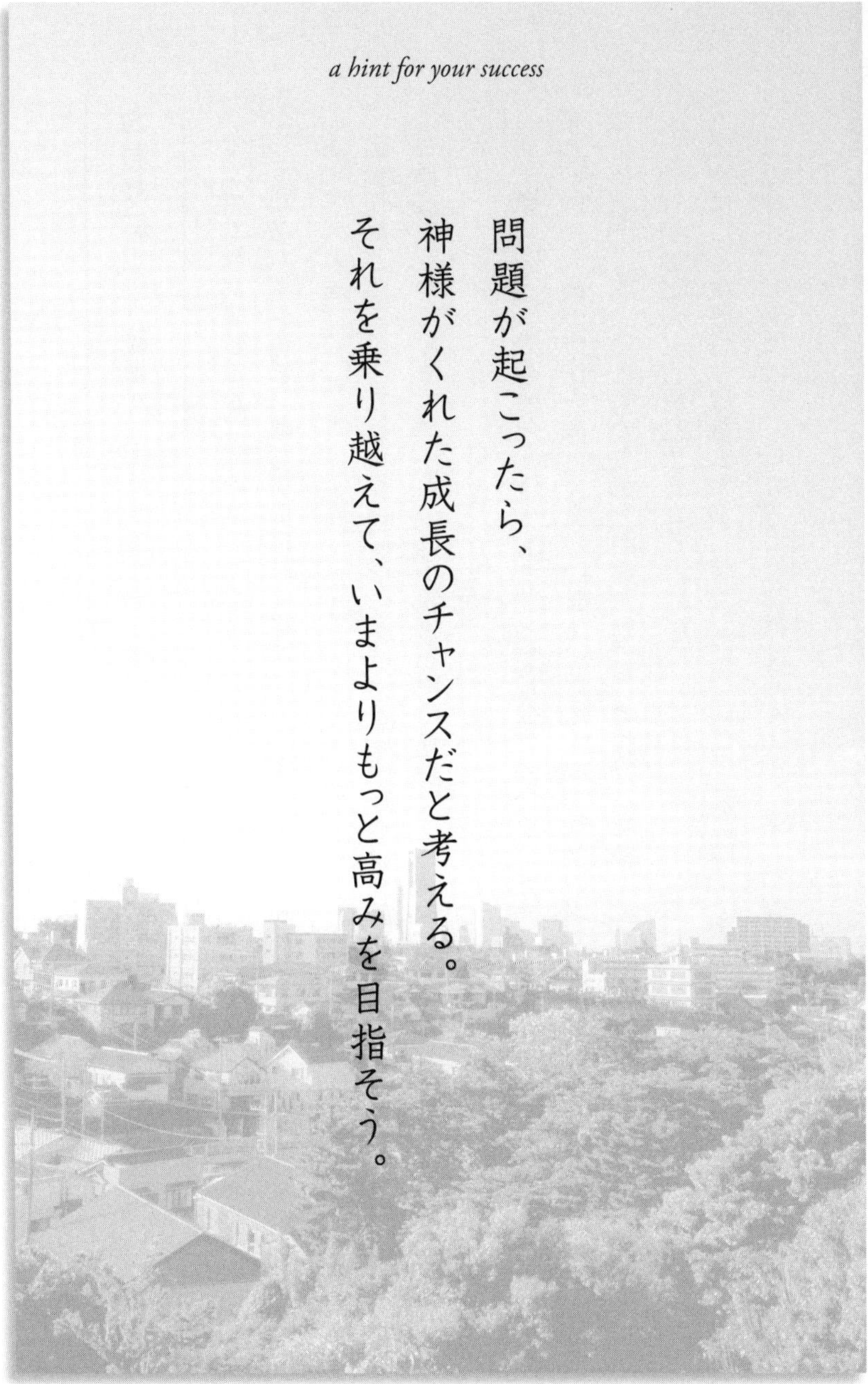

a hint for your success

問題が起こったら、
神様がくれた成長のチャンスだと考える。
それを乗り越えて、いまよりもっと高みを目指そう。

おわりに――陸地が見えるまで航海を続けよう！

本文でも触れましたが、私のネジ巻きは、マーク・フィッシャーの『成功の掟』です。それもただのネジ巻きではありません。読み返すたびに新しい気づきを与えてくれ、反省もさせてくれます。

読まれた方はご存知でしょうが、この本は、お金持ちになるための成功哲学を三部作の小説形式を取っています。主人公は小説家志望の青年で、この青年に成功の秘学を教えるのがI・ミリオネアという億万長者です。

第一部は、主人公の青年がI・ミリオネアに会いにいき、メンタリティーとか、目標設定といった成功の方法を教えてもらいます。普通の成功哲学の本であれば、この第一部で完結します。成功のための方法を開陳すれば、それで本を書く主旨は満たせるからです。

「あの青年はどんどん成功するだろう」

読者はこんな感想を持ちますが、『成功の掟』の主人公は悩みます。

ミリオネアに教えてもらった通りに実践するものの、厳しい現実に直面してなかなか成功しません。私たちが成功哲学の本を読み、そのとおりに実行してもなかなか成功しないことと同じ現実に直面するわけです。

不動産でやっと成功して小説に打ち込めると思ったとき、青年は、その不動産にまつわるさまざまなトラブルにつきまとわれ、悩みを抱えることになります。そうした現実が、『成功の掟』の第二部で語られます。

主人公の青年は、第三部の冒頭で自殺を図ります。第一部で絶対に成功するだろうと思われた主人公が第二部で悩み、やっと成功できたと思ったら第三部では自殺を図るのです。

世の中には成功者がいます、途方もないお金持ちもいます。しかし、そうした人も悩んでいます。心の奥深くに悩みを抱えています。

お金があるだけでは幸せにはなれない

心の部分がないと、本当に幸せにはなれません。

小説形式とはいえ、成功と心について、ここまで語った成功哲学の本はありません。

成功では、「心」が重要です。人を押しのけ、がむしゃらにお金に突進するのは、真に成功を志す人間のやることではありません。

ただお金を儲ければいいということではない。誠実に生き、周囲の人たちとよい関係を築き、人生を楽しむことが最終目的でなければならない

『成功の掟』の紹介が長くなりましたが、本書で私が訴えたかった最大のポイントもここです。成功に直結する目標を立て、その目標実現に向けた歩みを続けながら、この本の読者にはぜひそのポイントを忘れないでいただきたいと思います。

「見えるまで航海を続けるだけだ」

これは、「明日、陸地が見えなかったらどうします?」と船員から聞かれたコロンブスの言葉です。航海を続ければ、必ず新天地は発見できます。

あなたにとって、本書が、私にとっての『成功の掟』のようなものになることを願っています。

著　者

著者略歴

小林英健（こばやし・ひでたけ）

株式会社 KMC（小林整骨院グループ）総院長・代表取締役。
学校法人近畿医療学園近畿医療専門学校創立者・理事長。
NPO 日本痩身医学協会・会長。

1958年生まれ。関西大学卒業後、銀行員として就職するものの1年で退行。「生きがいとなる仕事」を求めて一から柔道整復師・鍼灸師の道へ進むことを決心する。専門学校で国家資格を取得後、開業。自らさまざまな療法を学び、研鑽に務めながら「小林式背骨矯正法」を確立、より即効性のある技術をとスポーツ活法に発展させる。一人でも多くの患者さんを笑顔にしたいと、グループの整骨院を複数経営するようになる。2008年、業界の発展とすぐれた柔道整復師・鍼灸師の育成を志し「学校法人近畿医療学園近畿医療専門学校」開校。スポーツ医療にも力を入れ、多くのプロアスリートのメディカルトレーナーも務める。2016年のリオデジャネイロオリンピックでは、ボクシングのトレーナーとして選手に同行した。著書に『やりがいのある仕事！ 柔道整復師』『スポーツトレーナー　絶対になりたい人が読む本』など多数。

●株式会社KMC（小林整骨院グループ）
https://www.seikotsuin-kobayashi.com/
●学校法人近畿医療学園近畿医療専門学校
https://www.kinkiisen.ac.jp/

成功哲学《せいこうてつがく》を学《まな》んでもなぜ成功《せいこう》しないのか？

2020年3月31日　初版第1刷

著　者 ―――――――― 小林英健《こばやしひでたけ》
発行者 ―――――――― 坂本桂一
発行所 ―――――――― 現代書林
〒162-0053　東京都新宿区原町3-61　桂ビル
TEL／代表　03(3205)8384
振替00140-7-42905
http://www.gendaishorin.co.jp/

ブックデザイン＋DTP ―――― ベルソグラフィック

印刷・製本　広研印刷㈱
乱丁・落丁本はお取り替え致します。
定価はカバーに表示してあります。

ISBN978-4-7745-1847-3 C0030